El espejo cabalístico del Génesis

David Chaim Smith

El espejo cabalístico del Génesis

Comentario
a los tres primeros capítulos

EDICIONES OBELISCO

Si este libro le ha interesado y desea que le mantengamos informado
de nuestras publicaciones, escríbanos indicándonos qué temas son de su interés
(Astrología, Autoayuda, Ciencias Ocultas, Artes Marciales, Naturismo,
Espiritualidad, Tradición…) y gustosamente le complaceremos.

Puede consultar nuestro catálogo en www.edicionesobelisco.com

Colección Cábala i Judaísmo
El espejo cabalístico del Génesis
David Chaim Smith

1.ª edición: febrero de 2019

Título original: *The Kabbalistic Mirror of Genesis*

Traducción: *David Aliaga*
Corrección: *Sara Moreno*
Ilustraciones: *David Chaim Smith, www.davidchaimsmith.com*
Diseño de cubierta: *TsEdi, Teleservicios Editoriales, S. L.*

© 2010, 2015 David Chaim Smith
Publicado por acuerdo con Inner Traditions
a través de International Editors'Co, España
(Reservados todos los derechos)
© 2019, Ediciones Obelisco, S. L.
(Reservados los derechos para la presente edición)

Edita: Ediciones Obelisco, S. L.
Collita, 23-25. Pol. Ind. Molí de la Bastida
08191 Rubí - Barcelona - España
Tel. 93 309 85 25 - Fax 93 309 85 23
E-mail: info@edicionesobelisco.com

ISBN: 978-84-9111-422-2
Depósito Legal: B-1.291-2019

Printed in Spain

Impreso en los talleres gráficos de Romanyà/Valls, S. A.
Verdaguer, 1 - 08786 Capellades (Barcelona)

Reservados todos los derechos. Ninguna parte de esta publicación, incluido el diseño de la cubierta,
puede ser reproducida, almacenada, transmitida o utilizada en manera alguna por ningún medio,
ya sea electrónico, químico, mecánico, óptico, de grabación o electrográfico,
sin el previo consentimiento por escrito del editor. Diríjase a CEDRO (Centro Español de Derechos
Reprográficos, www.cedro.org) si necesita fotocopiar o escanear algún fragmento de esta obra.

«Podría estar encerrado en una cáscara de nuez y sentirme rey de un espacio infinito… de no ser por mis pesadillas».
William Shakespeare, *Hamlet*

Introducción

Escondida en los tres primeros capítulos del Génesis subyace una de las mayores joyas de la literatura mística occidental que, frecuentemente, pasa inadvertida. Durante milenios, se ha impuesto una religiosidad basada en la interpretación literal de la Biblia, sepultando su sutil sabiduría interior bajo los más toscos y superficiales aspectos de la narrativa. Se ha hecho creer a generaciones enteras que los tres primeros capítulos del Génesis son solamente una primitiva historia protocósmica y una explicación mitológica de la disposición moral de los seres humanos. Multitud de posibles sinceros practicantes espirituales han sido apartados o se han visto frustrados por lo que parece ser un cuento de hadas religioso. Una forma de explicar esto podría ser que se ha divulgado la versión infantil de un contenido para adultos. Sacar a la luz las implicaciones profundas de este material es el objetivo de este libro.

Siempre habrá una minoría que desee avanzar por el texto más allá de los vestigios de la mitología religiosa. Esto requiere la aceptación de que su significado último no puede ser contenido por las palabras y sólo puede vislumbrarse a partir de un análisis esotérico. Para comenzar, el texto debe ser aceptado como una pura metáfora, un oscuro «lenguaje crepuscular», que insinúa oblicuamente su contenido definitivo. Esto señala en dirección a un incomprensible misterio que trasciende las limitaciones convencionales del tiempo y el espacio. Se requiere que la tradición esotérica lo comprenda para que la mente pueda ser dirigida hacia una nueva forma de ser que transforma radicalmente el significado de ser humano.

La mejor manera de aproximarse al conocimiento cabalístico del Génesis, para la mayor parte de lectores seculares, es apartarse de todas las nociones previas que uno tenga de lo que es la cábala y comenzar sin prejuicios, examinándola con una sensibilidad nueva. Esto requiere revisar los principios básicos así como responder nuevas preguntas. Este libro propone una visión poco común que supondrá un desafío para presupuestos tanto exotéricos como esotéricos sobre los procesos de creación y percepción. Sin una provocación de este tipo, el contenido místico del Génesis permanecería enterrado bajo una montaña de mitología y detritus religiosos que resultan absolutamente superfluos en relación con el mensaje nuclear del texto.

El contenido místico de los tres primeros capítulos del Génesis se desbloquea con una clave que todos los cabalistas conocen bien. Se trata de un código esotérico formado por diez atributos interactivos llamados las diez *sefirot*, conocidos en su conjunto como el Árbol de la Vida, que representan la manifestación del acto creador. Las sefirot guían la indagación en la naturaleza Divina y la ciencia de la creación. A través de la ventana de las sefirot se vislumbra la revelación de lo que la creatividad es y no sólo de lo que hace, lo que supone una ruptura radical con la agenda del exoterismo religioso.

La concepción mayoritaria de las sefirot es que se trata de agentes mediadores entre la esencia Divina y las funciones diferenciadas de la creación. Esto implica un sutil grado de separación entre el creador y la creación. Una alternativa a este cisma es una unidad radical que se manifiesta como paradoja.

Ciertamente, las sefirot son el esquema a través del que se expresa la diversidad creativa; sin embargo, para comprenderlo, debe quedar claro que la Divinidad es absolutamente impregnante y niega la existencia fragmentada por cualquier frontera o limitación aparente. Las sefirot manifiestan una infinita variación sin que ello menoscabe la sublime naturaleza de su unidad. Las sefirot nos enseñan que la completitud nunca es negada por la manifestación de una apariencia diversa; al contrario, la glorifica.

Las sefirot son diez por varias importantes razones. La serie numérica 1-10 es la base de todas las relaciones numéricas. Comienza con el 1, que es la completitud en sí misma. El conocimiento esotérico que subyace en el 1 es que es igual a cero. La completitud se alza sin desprenderse de la expansiva potencialidad a la que alude el cero. Esto es lo que los cabalistas denominan como «simple» unidad Divina. Significa que no hay distinción entre el todo y la nada. La unidad Divina es totalmente inclusiva al tiempo que está completamente abierta a la posibilidad. Así se simboliza en la secuencia numérica que culmina con el número 10, cuando el 1 regresa al cero primitivo del que ningún número se desprende jamás. El 10 revela el silente útero del cero que se encuentra en el corazón de todos los números, sustentando todas sus actividades. Es la absoluta perfección del todo más allá del principio y el final, es la savia de las sefirot. El *Tikkuney Zohar* afirma:

> «Uno, pero sin contar. Cima de las cimas, secreto de secretos, en conjunto más allá del alcance del pensamiento». *(Tikkuney Zohar)*

Existe una diferencia entre la concepción numérica del 1, relativa al cálculo y la medida, y la unidad radical que trasciende la relatividad. El *Sefer Yetzirá* pregunta:

> «Antes del Uno, ¿qué puede ser contado?». *(Sefer Yetzirá)*

Esta cita deja la mente suspendida en una pregunta abierta que contiene posibilidades ilimitadas. La unidad es literalmente inconcebible. Se encuentra más allá de cualquier concepción que la mente pueda elaborar al respecto. Si la unidad se concreta en el concepto del «Uno» Divino, entonces emerge un problema: la mente trata de cosificarlo y de fabricar un concepto de lo Divino que le permita intentar comprenderlo. El Uno es fijado entonces en una idea sólida y coherente y ya no puede prevalecer su misterio abierto. Este proceso no sería distinto del que puede llevarse a cabo con cualquier objeto mental ordinario. Si la unidad Divina se comprende como un objeto ordinario, la oportunidad de rendirse a su conocimiento profundo está completamente extinguida.

La comprensión mística de la unidad trasciende las nociones del ser y el no ser. El fundamento del exoterismo teológico es que dios[1] (el Uno) es un Ser Supremo real y existente. La creencia en lo real excluye automáticamente lo que es irreal. Esto permite que tanto lo que es como lo que no es sean comprendidos como conceptos sólidos. La única forma de trascender esta concepción es cultivar la fe en que la profundidad insondable de la Divinidad va más allá de estos hábitos de la percepción convencional. Esto se hace evidente en la siguiente cita, escrita en el siglo XIII por el cabalista Azriel de Gerona:

> «Te preguntarás: ¿cómo el ser se levantó de la nada? ¿Acaso no hay una inmensa diferencia entre el ser y la nada? La respuesta es la que sigue: el ser está en la nada de la misma forma que la propia nada, y la nada está en el ser de la

---

1. Hay tres formas posibles de deletrear la palabra *dios*. La más singular es la empleada por los judíos ortodoxos, *Di-s*. Esta forma rechaza emplear la palabra en su forma completa porque el nombre divino no debe ser pronunciado, ni siquiera internamente. La forma secular más convencional es *Dios*. Este tratamiento capitaliza la palabra asumiendo que *Dios* es una entidad (ya sea actual o mitológica) y es tratada como un nombre categórico. En esta obra se emplea intencionalmente la minúscula inicial para indicar que dios es una mera designación conceptual, un constructo fabricado por la mente. Éste es un gesto no teístico que se desmarca del resto de asunciones y de sus implicaciones.

misma forma que el propio ser. La nada es el ser y el ser es la nada. La forma del ser que surge de la nada es llamada fe. La fe no tiene que ver con el ser comprensible ni con la nada invisible e incomprensible. El ser no proviene únicamente de la nada, sino del ser y de la nada al mismo tiempo. Son Uno en la simplicidad de la absoluta indiferenciación. Nuestras limitadas mentes no pueden asirlo porque forma parte del infinito». *(Derej Ha Emunah ve Derej ha Kefirah)*

La percepción convencional se basa en la división entre el sujeto perceptor y los objetos percibidos. Los objetos percibidos se configuran internamente a través de emociones y pensamientos, y externamente a partir de los sentidos físicos. Con independencia de si el proceso tiene lugar interna o externamente, la percepción convencional siempre fabrica concepciones sólidas que crean separaciones. Las divisiones entre el sujeto y los objetos son infinitas. Cada momento de concepción es un océano de fragmentación que obliga a la mente a relacionar fenómenos en términos de diferencia. Cuando el universo está hecho de diferencias, la unidad se ve oscurecida y obstruida, y la conciencia se pierde en un confuso pantano de piezas separadas que no tienen nada que ver unas con otras. Curiosamente, esto sucede incluso cuando la unidad misma trata de ser conceptualizada a través de la mente.

La división entre el sujeto que conoce y el objeto que es conocido es la base de todo el conflicto. Su confrontación produce una guerra que se libra para imponer el vano mito de la independencia de la existencia. Sea lo que sea lo que el sujeto acepte, eso será real; y sea lo que sea lo que quede fuera de su comprensión, será refutado. La mente incluso se fija y se conceptualiza a sí misma como un objeto («Yo» puedo pensar sobre «mí»). Esto incluso nos lleva a batallar con la idea de nosotros mismos. Esto es lo que la mente hace y lo que previene cualquier tipo de reconocimiento de lo que la mente es. Porque el sujeto y el objeto se validan recíprocamente, «Pienso, luego existo» será inmediatamente seguido por «la experiencia es real porque la he experimentado». Y así surge una pregunta importante: ¿es posible liberarse de la división?

El uso de la palabra «Divinidad» en este comentario no implica la creencia en un dios creador. La creencia en un dios implica el mayor y más complejo objeto mental que pueda ser comprendido. Es un concepto con unas implicaciones tan amplias que la mente puede extraviarse en él. Esta inmersión posee una dimensión mística, pero no es exactamente libre. El concepto de dios será siempre un concepto. Y esta concretización de la unidad es la base del teísmo. El teísmo es altamente problemático para muchas místicas en las que sistemas teísticos cosifican la concepción de lo Divino. Los sistemas teológicos occidentales son monoteístas, por lo que albergan la idea de que dios es una unidad completa.

La unidad es más que una mera convergencia de las partes. Es la completitud en sí misma, en la que se expresan todos los aspectos comunes de la naturaleza esencial. En este sentido, realmente no existen cosas tales como las «partes» o el «todo». Así lo explicitó Baal Shem Tov, el fundador de la tradición jasídica:

> «Si una persona comprende una parte de la unidad, comprende el todo; pero lo contrario también es cierto». *(Keter Shem Tov)*

Desde la óptica del misticismo más radical, no puede afirmarse que el todo y la parte posean una existencia independiente. Decir que algo existe independientemente da por supuesta su autonomía y, de este modo, su realidad tangible. El mecanismo que subyace en esta aseveración impregna tanto la concepción «positiva» del ser, como la «negativa» de la nada. El misticismo provee una salida a este dilema sugiriendo vías de conocimiento que no dependen por completo de una conceptualización discursiva. En su lugar, atiende a la resonancia de la profunda contemplación de los símbolos esotéricos; ese «aroma mental» es la base de la investigación gnóstica y el presente libro sostiene que el verdadero rol de los tres primeros capítulos del Génesis es ofrecer la simbología necesaria para poder desarrollarla.

Los contrastes diferencian el campo de las apariciones, pero eso no supone un problema desde el punto de vista de la unidad radical. El único problema son los presupuestos mentales que cosifican los fenómenos. Las fijaciones mentales nunca pueden «arruinar» la unidad; simplemente la ocultan. La naturaleza esencial de la unidad no puede ser refutada; como mucho, puede ensombrecerse. Los seres humanos pueden contrarrestar esta tendencia a través de sus aspiraciones espirituales. El deseo de libertad se refuerza cada vez que se recuerda el anhelo de ella. La comprensión de la unidad como el Altísimo es el objeto principal de la plegaria judía que recibe el nombre de *Shemá*. Es una declaración de aquello en lo que, de hecho, merece la pena tener fe:

«Escucha, oh, Israel, YHVH es nuestro Dios, YHVH es uno».

Es obvio que el texto bíblico emplea un lenguaje teístico. Sin embargo, no supone para la mística un problema mayor que el inherente a cualquier actividad mental que se afronta directamente. Todos los fenómenos son iguales en el vasto territorio del todo y esto puede ser aplicado al aparentemente impenetrable teísmo del lenguaje bíblico. Si todos los fenómenos son considerados igualmente sublimes, entonces cualquier visión fragmentaria es irrelevante. No hay palabras ni ideas que puedan bloquear la búsqueda si se ha cultivado una visión que trascienda las divisiones.

El monismo esencialista (la extensión esotérica del teísmo) sostiene que lo Divino es una expansión omnipresente e indiferenciada que anula cualquier división, pero es igualmente cosificada como «Unidad». Esta visión niega que cualquiera de los reinos de la creación posea una existencia auténtica al margen de su inclusión en la naturaleza esencial de la Divinidad. Propone que los fenómenos son ilusorios, aunque la base Divina de dicha ilusión es finalmente real. La realidad eterna habita en la ilusión temporal como un «alma» universal, que es considerada permanente. De esta forma, se cree que si nos sumergimos a nosotros mismos en esa alma esencial, nos integraremos con la vida eterna.

Los monistas afirman que la naturaleza esencial de la Divinidad se corresponde con el equilibrio entre la energía, la materia y la conciencia. La concepción monista de lo Divino es indiferenciada, pero siempre insiste en un estado último de ser o no-ser. Cuando un sistema se encierra entre estos dos extremos, ya no puede considerarse libre y abierto. Éste es el error que cometen los cabalistas que sostienen que la esencia de la Divinidad es una «potencialidad negativa» o una «luz negativa ilimitada». Ésta es la visión de numerosas escuelas de cábala hermética, que a menudo sostienen argumentos basados en un esencialismo negativo.

Ser y no-ser son los dos extremos de una categorización ontológica. Son categorías conceptuales que ofrecen al intelecto la ilusión de que puede comprender lo que está sucediendo. Pretenden marcar los fenómenos (o la ausencia de ellos) con un sello de finalidad basado en una definición. El ser y el no-ser son como prisiones que representan las fronteras del pensamiento racional humano. ¿Puede haber un mayor indicativo de las limitaciones de la comprensión conceptual humana que las categorías que sostienen que algo «es» o «no es»?

Cada una de estas categorías extremas puede ser definida únicamente en comparación con la otra. El estado de ser sólo es real porque se cree que puede demostrarse que no es irreal. No es una categoría que pueda demostrarse por sí misma; su opuesto está implícito en ella. Curiosamente, el monismo esotérico y el dualismo exotérico comparten su dependencia de la cosificación. Ambos se apoyan en concepciones concretas de lo absoluto que sacrifican una sabiduría libre, más allá de los artificios. La libertad que está aquí en juego es la más básica nobleza a la que cualquier mente humana pueda tener acceso. La mayor parte de las personas intuyen esta libertad, y el presente libro demuestra que los tres primeros capítulos del Génesis ofrecen las instrucciones para llegar a apreciarla.

La visión que se ofrece en esta obra puede llegar a confundirse, inicialmente, con una forma de monismo, pero es radicalmente distinta. La clave es comprender cómo la naturaleza de la mente puede suponer una invitación a la libertad de una Divinidad abierta. Cualquier estudio de lo Divino es, de hecho, un estudio de la mente. Lo que la mente hace es siempre limitado, pero lo que es se encuentra más allá de cualquier frontera o definición.

Los tres primeros capítulos del Génesis son un modelo completo del dilema de la mente. Comienza con un análisis del común denominador de la esencia y la función de todos los fenómenos contenidos en la primera palabra de la Biblia: la pureza Divina llamada *Ain Sof* (el infinito). Esta potencialidad sublime es la savia de cualquier expresión creativa. Acercarse al misterio del Ain Sof es el único afán de este comentario. Su investigación supone el mayor reto al que puede enfrentarse la mente humana, ya que implica el reconocimiento de su propia naturaleza Divina.

La primera parte de la presente obra articula una visión detallada de las sefirot. Sustentado en el dinamismo ilimitado de *Bereshit*, el esquema de las sefirot emerge a través de un análisis cabalístico detallado de cada aspecto de la creación narrativa. Esto implica deconstruir cada versículo con métodos esotéricos derivados de enseñanzas orales de cábala.

La segunda parte del libro examina la alegoría del Edén, cuyo simbolismo prueba la cuestión de cómo la mente revela y oculta su naturaleza Divina. Plantea preguntas que la búsqueda espiritual de sentido debe acabar respondiendo: ¿cuál es la nobleza y el valor de nuestra naturaleza? ¿Cuáles son los obstáculos que impiden su reconocimiento? ¿Cuáles son las consecuencias de mantener su ignorancia? Los capítulos segundo y tercero del Génesis exponen la disparidad entre la naturaleza Divina de la conciencia y las tendencias oclusivas de sus hábitos. Con esto presente, puede iniciarse una profunda y radical reevaluación de su contenido desde la primera palabra de la Biblia.

El apéndice I ofrece una completa sinopsis cabalística de los tres capítulos y su simbolismo. Brinda una preciosa panorámica y hace evidentes las complejidades del presente trabajo. A través de la representación gráfica, el apéndice II se ocupa de cinco situaciones básicas del impulso creador en las que se emplean los nombres divinos del Génesis y sus derivados.

PRIMERA PARTE

La ventana de la manifestación

I
LA NATURALEZA ESENCIAL DE LA CREACIÓN
La primera palabra del Génesis

«Con inicialidad, Elohim creó los cielos y la tierra». (Gen 1:1)

En hebreo, la primera palabra de la Biblia es *Bereshit*. Esta palabra es habitualmente traducida como «en el principio», pero en la presente obra se prefiere la expresión «con inicialidad». En hebreo la letra *bet* (B) es un prefijo que significa «en» o «con». La palabra *Reshit* remite a un continuo estado de transformación. Ésta es la condición en la que todas las cosas se encuentran «en». Bereshit es la naturaleza dinámica de la creatividad que incluye el total de posibilidades. Es siempre fresca, nueva y única. El continuo inicio es una disposición volátil y dinámica que puede hacerlo o serlo todo, que se muestra a sí misma como todas las cosas.

Cuando se entiende apropiadamente, Bereshit constituye un asalto directo a todos los presupuestos convencionales sobre la solidez de la sustancia, la cohesión lineal del tiempo y la integridad del pensamiento. La percepción convencional asume que los instantes temporales, las presencias en el espacio y los pensamientos individuales son sucesos separados, aislados y aleatorios. La sabiduría de Bereshit confronta esto al afirmar el fundamento inmutable del cambio continuo.

El dinamismo primordial de Bereshit se hace evidente en la implacabilidad de la percepción. Para apreciarlo, resulta útil tener en cuenta la «textura» de la cognición. La percepción ordinaria es un cambiante océano de transformación. Olas de pensamiento se alzan y caen sobre sí mismas, seguidas por un *continuum* incuestionado y no examinado. Cuando se lleva a cabo un intento de atrapar un pensamiento o un sentimiento, el momento percibido y sus contenidos inmediatamente se escurren hacia el instante siguiente. El instante siguiente siempre se presenta a sí mismo con alguna sutil diferencia respecto al anterior. Al ocurrir esto, el momento que originalmente habíamos tratado de atrapar se desvanece antes de que podamos vislumbrarlo. Ni el contenido ni el contexto de cualquier momento de percepción es la fortaleza que se supone que es. El artificio de la percepción se erosiona al contacto con cualquier intento de investigarlo. La única conclusión que puede alcanzarse es que el desarrollo de los sucesos perceptibles no es un desfile estático de momentos congelados que puedan comprenderse uno por uno; es un constante, inasible y escurridizo aluvión.

La religión exotérica interpreta la primera palabra de la Biblia como un indicio de creación *ex nihilo*. En la mitología protohistórica se tiene en cuenta una distinción entre «antes» y «después» de la creación. En un sentido místico, esta separación es anulada por la naturaleza ecualizadora de la Divinidad, que se halla más allá de todas las distinciones, algo que queda afirmado por la naturaleza esencial de Bereshit, que iguala todas las divisiones a través del conocimiento de la pura creatividad. La sabiduría de Bereshit es una «inicialidad» que no puede ser experimentada o aprehendida en ningún sentido convencional. La percepción ordinaria no puede comprender su propia naturaleza. Esto sería como intentar ver nuestro propio rostro sin la ayuda de un espejo. Bereshit no es un concepto que implique la confrontación del conocimiento con la mente, como si el primero fuese un visitante en la segunda; es el espejo de la propia mente y refleja cualesquiera que sean los hábitos y tendencias a los que la mente se aferra. Sin embargo, Bereshit está más allá de todos los hábitos, ya que posee la reflectabilidad abierta de un espejo que puede reflejar cualquier cosa. Es igual antes del nacimiento y después de la muerte; está más allá del cambio, pero constituye la base de cualquier cambio. Es la base común de todo lo conocido así como de lo que lo conoce. La comprensión de esta simultaneidad es gnosis (realización mística).

La sabiduría de Bereshit explota continuamente en sucesos fenomenales. Está constantemente alzándose y desvaneciéndose, por encima de la comprensión, nunca estática, insustancial aunque vívida. Apreciar este inasible conocimiento en todas las cosas es la puerta abierta a trascender lo superficial, a los asuntos insignificantes que oscurecen el misterio Divino. En cambio, no apreciarlo perpetúa la fijación perceptiva ordinaria, que cierra literalmente la puerta a la posibilidad de la gnosis. Esto queda claro en el Zohar:

> «Bereshit es una llave que las incluye todas, abre y cierra».
> *(Haqdamat Sefer HaZohar)*

La pura esencia creativa Divina se designa con el término hebreo *Ain Sof*, que podría ser traducido como «el infinito». La naturaleza esencial de esta creatividad no depende de nada, pero tampoco es una entidad con una existencia independiente. *Ain Sof* está compuesto por dos palabras: *Ain* (sin) y *Sof* (limitación).

Tanto da que el fenómeno suceda o no suceda, la pureza y la completitud del Ain Sof permanece inalterable. El Ain Sof no puede ser diluido ni subyugado, no importa que parezca distorsionado, malinterpretado o ignorado. Nada puede sustraérsele o añadírsele nunca. Estas categorías son el intento de una definición que resulta imposible. Todo lo que puede decirse es que el Ain Sof es creador y libre. Todos los conceptos relacionados con el Ain Sof son intrínsecamente imprecisos, ya que no puede ser conocido en un sentido convencional. Esto se sostiene en la siguiente cita del cabalista del siglo XIII, Moshé de León:

> «La corona más alta es la pura *avira* (espacio luminoso) que no puede ser comprendida. Es la suma de toda la existencia,

y todo se ha agotado en su búsqueda. Uno no debería poder concebir este «lugar». Es secretamente llamado Ain Sof, porque engendra todo lo que es. Este misterio rompe el cinturón del sabio. Elévate para contemplarlo, para enfocar el pensamiento, ya que lo Divino es la aniquilación de todos los pensamientos, no puede ser contenido por concepto alguno. Y puesto que nada puede contener lo Divino, es llamado Ain (nada)». *(Sheqel HaKodesh)*

El Ain Sof es la pureza esencial y sin adulterar que da lugar a todas las cosas, y Bereshit es su naturaleza. Debemos ser extremadamente precisos con la naturaleza esotérica del lenguaje. El Ain Sof es esencia pura y Bereshit expresa la *naturaleza* de esa esencialidad. Ambos aspectos, la esencia y su naturaleza, son una unidad completa. Por ejemplo, la naturaleza del azúcar es ser dulce. Y nosotros conocemos el azúcar a través de la expresión de su naturaleza en diferentes formas. Tanto da cómo apreciemos esa naturaleza, siempre es dulce. En cualquiera de sus formas, esta naturaleza dulce expresa directamente la esencia del azúcar, y nos permite saber que el azúcar está presente.

La esencia y la naturaleza de la creatividad están representadas por las dos primeras sefirot, llamadas *Kéter* (corona) y *Jojmá* (sabiduría). Kéter es la sublime esencial de la potencialidad del Ain Sof, y Jojmá es su sabiduría natural. Ambas están incluidas en la palabra *Bereshit*, que puede ser dilucidada de muchas formas distintas, como se expondrá a lo largo de este libro. La forma más sencilla de comprenderlas es saber que ambas forman una unidad inseparable. Esto se refleja simbólicamente en la letra *bet* de la palabra Bereshit. En hebreo, cada letra tiene un valor numérico, y el valor numérico de *bet* es 2. Esto fue sugerido por el cabalista del siglo XIII Isaac el Ciego:

«Bereshit: la letra *bet* es la Kéter más elevada y, por lo tanto, se escribe en un tamaño mayor que las otras *bet*. Pero la palabra *Bereshit* es, de hecho, Jojmá. Así pues, en verdad, dos sefirot son contenidas en el interior de esta palabra». *(El proceso de emanación)*

Pensar que la esencia de algo puede ser conocida sin la expresión de su naturaleza es ilusorio. La pura esencialidad no puede ser comunicada; sólo puede hacerse a través de su naturaleza. Ambas cosas son fundamentalmente lo mismo, aunque pertenecen a diferentes aspectos. La naturaleza es la esencia en su sentido más dinámico. La esencialidad creadora es incognoscible, pero está repleta de puro potencial cognoscible. Su naturaleza sabia es el conocimiento constante que mana de todas las cosas, constantemente comenzando como cada momento inasible.

En tanto que la naturaleza esencial de la creación es la base de todas sus manifestaciones, nada puede ser considerado esencialmente impuro o irrelevante. Cada minuto, cada detalle de la vida *es* este misterio que transforma radicalmente la forma en que la vida sucede. El camino a la gnosis ni excluye ni cosifica nada, sino que deja las manifestaciones como una brillante cuestión abierta que no puede ser aprehendida a través de objetos identificables. Esta imposibilidad de penetrar en ellas es sugerida por el siguiente pasaje anónimo escrito en el siglo XIII:

> «La luz que es oscurecida por la iluminación está oculta y es imposible de conocer. En consecuencia, recibe el nombre de oscuridad ocultadora no porque sea como la niebla, sino porque ninguna criatura puede verla. Ni siquiera los ángeles, sentados en la primera fila del reino de los cielos, poseen el poder para verla. Es como los humanos, que no pueden mirar directamente al sol. Sin embargo, todas las luces emanan de ella, por lo que es llamada oscuridad ocultadora solamente porque es exaltada y permanece oculta a la percepción». *(La fuente de Jojmá)*

2
El cianotipo del proceso de creación
Comentario al primer capítulo del Génesis

«Con inicialidad, Elohim creó los cielos y la tierra».

(Gen 1:1)

El primer capítulo del Génesis emplea el Nombre Divino *Elohim* para designar la potencia creadora. Este nombre es usado treinta y dos veces en el capítulo, algo que los cabalistas asocian con los «treinta y dos caminos de sabiduría» que forman el Árbol de la Vida. Esto consiste en las veintidós letras del alfabeto hebreo colocadas sobre la estructura de las diez sefirot. Unidos, los treinta y dos caminos constituyen una perfecta unidad que nos «cuenta» sus manifestaciones. Éste es el corazón de la creación. La guematría (valor numérico) de la palabra corazón en hebreo *(Lev)* es 32 *(lamed* [30] + *bet* [2] = 32). Por lo que, a través del nombre de Elohim, el primer capítulo del Génesis revela el corazón del proceso de la creación.

El acto de nombrar lo Divino posee profundas implicaciones. Exotéricamente, nombrar lo Divino pone una etiqueta a la «causa primera» de la actividad creativa, que precisamente no tiene causa. Por lo tanto, cosifica esa causa y la integra en un concepto sustancial que pueda ser comprendido. Si esta tendencia es trascendida, entonces el significado del Nombre Divino puede desempeñar muchas más funciones sutiles.

La naturaleza de la creación no puede ser nombrada. No puede ser limitada al lenguaje o a los conceptos en un sentido convencional. Esto permite a un Nombre Divino actuar libremente al servicio de cómo la creación funciona. En la cábala, los Nombres Sagrados son fórmulas esotéricas altamente complejas que son deconstruidas para articular los más profundos aspectos del conocimiento creador. A través de estos comentarios, la correspondencia entre los números y las letras se usa para demostrar y elucidar distintos nombres y palabras. Pero ninguna excavación esotérica puede ser efectiva si lo que se está buscando no está claro desde el principio.

El nombre *Elohim* se asocia al espacio, que es el útero en el que la semilla de Bereshit es sembrada. A pesar de este lenguaje de apariencia dualista, el espacio es una unidad. Es el gran fenómeno equiparador. Desde una perspectiva convencional, diríamos que hay dos aspectos del espacio. Son los frecuentemente llamados aspectos absoluto y relativo del espacio, que algunos esoteristas citan como categorías para dividir entre la esencia y la función. El espacio absoluto o «básico» es el aspecto puramente vacío del espacio más allá de sus cualidades. El espacio «relativo» es su actuación siempre cambiante que contextualiza las cualidades infinitas que los seres perciben. Estas distinciones artificiales se presentan separadas en la lógica humana, pero son inseparables. La verdadera naturaleza del espacio es la unidad, más allá de cualquier composición o división.

Todo el espacio es realmente espacio «básico». Es totalmente abierto, libre y prístino. Sin embargo, supone una paradoja. Presenta infinitos contrastes y variaciones que se manifiestan a través de fenómenos. El espacio continuamente ofrece contexto a las cosas, pero no puede ser contenido por ninguno de sus contextos. Es un misterio que al mismo tiempo es abierto y aparente. La paradoja del espacio es ilustrada vívidamente por la mente. La expansión mental es una potencialidad abierta y vacía, pero surge como una infinidad de pensamientos y percepciones. El espacio indiferenciable de la mente y la manifestación diferenciada de sus constructos son el mismo espacio consciente. Los constructos mentales surgen y se disuelven, pero la mente permanece intocable. Esto es porque, en un sentido último, el espacio y la mente son también el Ain Sof.

La fértil vastedad del espacio es primordial. Ni fue alumbrada ni morirá. Ni es real ni es irreal. No cambia, a pesar de que está en cambio constante. ¿Cómo puede cambiar? ¿Qué significa que cambia? El espacio es sólo adaptabilidad abierta. Todas las medidas y cálculos son iguales en el espacio. Da igual qué se contextualice o qué sea lo que aparece *en* el espacio, la esencia de dicha cosa también es fundamentalmente espacio. El juego del espacio se manifiesta a través de tendencias expansivas y contractivas que imitan la respiración. La contracción sustrae y la expansión da, pero nada va *desde* una parte *hacia* otra. ¿Dónde debería ir o de dónde debería venir? No hay ningún lugar fuera del espacio.

La percepción convencional asume que el espacio «se cierra» cuando un objeto en particular asume contornos. La función que permite que las cosas aparezcan en una forma limitada es llamada *tsimtsum*, que significa «contracción» o «retirada». Cuando ocurre la fijación en algo, parece que el espacio indiferenciado se hubiese retirado desde sus contornos para apoyar una definición particular. La percepción relativa ordinaria acepta la existencia de las cosas únicamente a partir de sus contornos. Esto es como contemplar el infinito al revés.

La definición de una cosa se apoya en todas las cosas que no es. Lo que define la existencia o la inexistencia de una cosa siempre radica en la comparación. Todas las cosas definidas son dependientes. Se fundamentan en los contrastes para sostener sus contornos y, por lo tanto, no pueden ser independientes. En tanto que una cosa no definida posee una independencia autónoma real, toda ella se apoya en la pureza del Ain Sof. Pero cuando la mente fija y hace finitas las cosas, cuando asume que son reales o irreales, el gran espacio primordial es oscurecido.

En realidad, el tsimtsum no puede contener o dividir el espacio por completo. El espacio no puede ser cambiado, sólo presentar una vívida pero insustancial forma de juego. Este juego consiste en reflejos que se muestran y se desvanecen. No poseen una existencia independiente; simplemente se proyectan reflejos como en una sala de los espejos. Si el conocimiento de su disposición caprichosa y abierta pudiera apreciarse, la naturaleza trascendental del fenómeno se podría comprender.

La percepción ordinaria es la creencia en la realidad del tsimtsum. El tsimtsum se presenta a sí mismo como una botella cerrada por un tapón de corcho. Cuando la botella está sellada, la percepción convencional asume que existe una barrera sólida entre el espacio contenido en el interior de la botella y el espacio en el exterior de la botella. Desde la perspectiva del tsimtsum, dicha división parece existir. Sin embargo, desde el radical punto de vista del misticismo, se trataría únicamente de la representación intangible del espacio sin contornos. Sería todo el espacio «respirando». El espacio aparece en el interior, el espacio aparece en el exterior y el espacio aparece en la botella misma. Un número de físicos cada vez mayor estaría de acuerdo hasta cierto punto en admitir que las moléculas de la botella no son otra cosa que espacio dinámicamente cargado, no presenta diferencias esenciales respecto al que se encuentra en su interior y alrededor de él. La diferencia es que desde el punto de vista místico, el espacio energéticamente cargado es igual a la mente que lo percibe.

Cuando un pensamiento surge, también parece haberse levantado un cercado. Aparece confinado en un significado conceptual particular y aparentemente rodeado por el resto de la expansión de la mente, como el espacio que rodea la botella del ejemplo anterior. Si la percepción se produce de esta manera, se ve reducida al ámbito de los objetos ordinarios. Un primer paso que nos alejaría de este embrollo sería tan simple como preguntarse: ¿dónde se originan las percepciones? ¿Dónde van cuando cesan? La respuesta a ambas preguntas es: a la propia expansión de la mente. Y esto puede aplicarse también tanto a las percepciones sensoriales «externas» como a los pensamientos «internos».

La potencialidad dinámica del espacio se denomina *Shejiná*. Se suele decir que la Shejiná es como una mujer embarazada que continuamente está gestando, dando a luz y alimentando a sus hijos. El espacio Divino se denomina «madre» porque comparte su savia con su progenie, como si la tuviese en su útero. Sus «hijos» son reflejos infinitos que surgen y desaparecen en su naturaleza de espejo. El útero de la Shejiná no tiene contornos ni fronteras. Representa el todo espacial, más allá de cualquier noción de contenido o de continente. Nada entra ni sale del espacio madre, porque cualquier cosa que nazca posee la misma naturaleza del espacio de cuyo interior surge. La Shejiná continuamente alimenta a sus hijos en virtud de esta naturaleza, que es Bereshit. La vida que es dada, los hijos que son alumbrados, y el propio útero son iguales en el corazón Divino de la naturaleza esencial.

El muro de oscuridad conceptual que cerca el espacio prístino de la mente es como las nubes en el cielo abierto del esplendor de la Shejiná. Y lo más asombroso es que todas las manifestaciones forman parte de la propia Shejiná, incluso los nubarrones son también la Shejiná. En la Biblia, la imagen de la Shejiná manifestándose como una nube se repite en numerosas ocasiones. Durante el éxodo en el desierto se presenta como una nube que sigue a los israelitas y se cierne sobre ellos. En el monte Sinaí, Moisés asciende y penetra en la nube para ir más allá de las limitaciones de lo superficial. El denominador común de estas imágenes literarias es que la Shejiná puede ser oscura y, al mismo tiempo, mitigar la oscuridad. El mismo espacio básico oculta y revela. Ésta es la puerta que la gnosis de Bereshit «abre y cierra».

La fe es un gran reto para todos los presupuestos convencionales sobre la solidez de la sustancia. El despliegue del tsimtsum se presenta a sí mismo con feroz intensidad, pero la fe en la sabia e intangible actuación de la Shejiná anula la idea de que algo pueda fracturar la unidad del espacio perfecto. Cultivar la gnosis de la naturaleza de la manifestación construye la certeza de que el mundo no es una serie aleatoria de objetos a los que el sujeto debe reaccionar. Esto requiere resistirse a nuestros hábitos más profundamente arraigados. La creencia en un universo fracturado sólo conduce al sufrimiento y la alienación. No podría ser de otra manera. Únicamente produce aislamiento existencial y alienación. La gnosis crece proporcionalmente al rechazo de estos presupuestos.

«Con inicialidad, Elohim creó los cielos y la tierra». (Gen 1:1)

En el versículo 1:1, el término *cielos* se refiere al continuo movimiento. Es resumido en seis atributos que corresponden con los seis días de la creación mencionados en el primer capítulo del Génesis. El espectro de posibilidad energética define el comportamiento funcional de la creatividad. Todos los modos de creatividad son expresiones de Bereshit. Y eso sin mencionar que el movimiento surge sin separarse o desprenderse de nada. No procede de ninguna parte ni va a lugar alguno. Todas las nociones de espacio y tiempo son construcciones contextuales fabricadas por hábitos convencionales a los que el simbolismo interior del Génesis nos enseña a resistirnos.

Cada uno de los seis modos de movimiento energético asume su cualidad particular como resultado de la expansión y la contracción. Como se ha mencionado anteriormente, es como un reflejo, o como un eco o como la respiración. Estos procesos están codificados esotéricamente con el nombre de Elohim, lo que requiere un análisis de las letras que forman este nombre. Elohim se deletrea *alef-lamed-he-yud-mem* (A-L-H-Y-M) (NOTA: el hebreo se lee de derecha a izquierda, al revés en español. *Véase* figura 1).

Figura 1

Puede ser dividido en tres partes. Las dos primeras letras de *Elohim* (*alef-lamed*) contienen el Nombre Divino *AL* (pronunciado «El»), que se asocia a la expansión continua. Las dos últimas letras de *Elohim* (*yud-mem*) forman la palabra *YaM*, que significa «océano». Esto es, la expansión abierta del espacio que posee la tendencia innata del tsimtsum. En el interior del espacio del océano, el infinito tsimtsum aparece y desaparece como sombras, aunque se presenten a sí mismas con un gran poder y una gran belleza. La manifestación del tsimtsum es como vasijas que están llenas y, al mismo tiempo, rodeadas de «agua», que sería la naturaleza esencial de la mente.

El agua es el símbolo bíblico más común para expresar la fluidez de la creación gracias a que es indiferenciable. Cuando el agua llena una vasija, se adapta perfectamente a su forma, tal como lo hace el espacio. El espacio nunca se resiste a lo que lo llena o lo rodea. Un océano también es agua salada, lo que remite al significado alquímico de la sal, que tiene que ver con la cualidad de *contracción*. La sal extrae fluidos de la sustancia haciendo que se reduzca. En la alquimia cabalística, la sal se refiere al tsimtsum.

AL y *YaM* representan las dos caras de la ecuación creativa. La cara expansiva es la *derecha* y la contractiva, la *izquierda*. El significado de ambas es clave para comprender algunos de los simbolismos bíblicos más complejos. Sin embargo, el aspecto más importante es el centro entre ellas. En el centro del nombre *Elohim* encontramos la letra *he*. La letra *he* simboliza la Shejiná explícitamente. Se encuentra entre la derecha y la izquierda, expresando el corazón *(lev = 32)* de la creatividad. La *he* es la presencia central a través de la que se manifiestan la expansión y la contracción. Los atributos de la izquierda y de la derecha simplemente sirven al centro para surgir como un siempre cambiante campo de manifestaciones.

> «La tierra estaba *tohu* y *bohu*, la oscuridad cubría la faz del abismo y el aliento de Dios planeaba sobre la superficie del agua». (Gen 1:2)

Cabalísticamente, el término *tierra* se refiere a la manifestación del espacio aparicional. Esto es lo que los seres humanos consideran real y sustancial. El versículo 1:2 comienza nombrando la tierra como el campo primordial de la creación. Éste es el aspecto del espacio que puede aparecer dividido y fragmentado a través del tsimtsum. A la mención de la tierra la sigue la del cielo. Con todo, no están relacionados en términos de causa y efecto. El movimiento de formación del cielo y la manifestación expositiva de la tierra surgen simultáneamente, como expresiones de igual naturaleza.

El cielo y la tierra son aspectos interdependientes de la actuación de la Shejiná. En seguida, el versículo 1:2 ofrece valiosa información sobre el intercambio creador entre el dinamismo y el espacio. Las palabras bíblicas *tohu* y *bohu* son únicas. No tienen traducciones exactas. Sugieren la interacción de ambas caras, de la derecha y de la izquierda, a través de su juego de manifestaciones.

Tohu habitualmente es traducido como «informe» o «inconcebible», o, más frecuentemente, como «caos». El término se refiere a la totalidad del dinamismo que abruma a la percepción convencional. El dinamismo creador siempre se impondrá a cualquier estructura que trate de contenerlo o de comprenderlo. Por lo tanto, para la mente humana, el poder de Bereshit se convierte en tohu. El poder de tohu, que sobrepasa el exiguo sentido humano del orden, es equilibrado por bohu. Bohu es la receptividad vacía del espacio que es inherentemente contextual. Su contexto permite que la potencia de tohu se adapte continuamente a sus cambiantes necesidades. La palabra *bohu* articula esta función a través de sus componentes internos. Aryeh Kaplan, una autoridad cabalística del siglo xx, afirma:

> «*Bohu* es el vacío. Es el vacío de una vasija preparada para recibir. La palabra puede ser leída como dos palabras: *Bo Hu*, que literalmente significa "en ello"». *(Espacio interior)*

El tiempo verbal pretérito empleado en el primer capítulo del Génesis («La tierra "fue" tohu y bohu») remite a una naturaleza primordial que trasciende el tiempo. La naturaleza de la creatividad es anterior a la concepción humana. Este lenguaje ofrece una potente metáfora para aludir a aquello que permanece sin haber sido manchado por los vanos intentos humanos de poner orden. Esto también lo siguiere la división del estado «anterior» y «posterior» al nacimiento del universo. Este dispositivo literario distingue entre una creatividad no artificial, ajena a la interferencia conceptual humana, y la comprensión lineal convencional del tiempo. Esto es análogo a la distinción entre gnosis y error humano. El tiempo por sí mismo no posee una verdad innata, sólo la que los seres humanos le atribuyen. Lo que llamamos tiempo surge como consecuencia de puntos de referencia fabricados por el ser humano. Son intentos de construir un orden artificial para el misterio del movimiento.

El surgimiento de sucesos fuera del «futuro», el paso de sucesos al «pasado» e incluso la experiencia del «presente» son tan sólo categorías válidas desde el punto de vista de una conceptualidad egoica. Por lo tanto, tohu y bohu representan una pureza primordial que se encuentra completamente más allá del tiempo y que es inasible en los parámetros intelectuales humanos. Tohu es un peligro claro e inmediato para el frágil equilibrio de la psicología humana. El uso de la palabra implica que el caos y la entropía están implícitos en la naturaleza de las cosas, lo que es cierto. Todas las manifestaciones son impermanentes y tarde o temprano se desmoronarán. Nada es estable ni eterno. Esto se debe a que todas las manifestaciones están definitivamente situadas más allá de la existencia y la no-existencia, más allá del nacimiento y de la muerte. Una vez que lo hemos entendido, el peligro del caos de tohu sólo puede amenazar nuestro hábito de comprender a través de accesorios. Además, para mantener tohu en equilibrio, bohu también se encuentra en el corazón del peligro que entraña tohu.

Más allá de nuestro bien educado entendimiento, la disposición de la Shejiná responde a una radicalmente dinámica extensión salvaje y sin fronteras. Proyecta todas las tendencias entrópicas que se manifiestan en los ciclos de descomposición y regeneración. El persistente dolor de esta inconveniencia filtrándose a través de la bruma de nuestra serenidad se da en la mayor parte de seres humanos. Si la mente corriente pudiese desviarse por poco que fuese de sus rígidas estructuras mentales, el resultado sería la demencia. Así es como bohu revela a tohu. Esto se basa en los aspectos más profundos de la naturaleza de la mente humana, que al mismo tiempo es nuestro mayor amor y nuestro mayor temor. Cuando la influencia de tohu no es equilibrada, la mente se agita, se confunde y enloquece. Cuando bohu es dominante, la mente se aturde y es inefectiva. El remedio para ambos desequilibrios es recordar el espacio central en el corazón de la Shejiná. Esto está simbolizado por la *he* del nombre *Elohim:* el núcleo central en el que las tendencias izquierda y derecha convergen. La fe es simplemente un retorno a esta unidad central nonata.

Los aspectos derecho e izquierdo de la representación de la Shejiná reflejan la relación reproductiva de un padre y una madre. Estas tendencias se conocen como «semilla y útero» en el contexto cabalístico. Debe quedar claro que no se unen como si se tratase de compañeros individuales, sino que presentan una mutualidad simultánea que va más allá de cualquier noción dualística de géneros autónomos.

La siguiente sección del versículo 1:2 contiene una de las imágenes poéticas más destacables de la Biblia. Remite a las tendencias primordiales que se ciernen entre lo intangible indiferenciado y el diferenciado conjunto de manifestaciones fijadas por los seres humanos. En el interior de este escenario artificialmente dividido, un agente equiparador emerge para abrazar todas las posibilidades. Esto se convertirá en el tema central de buena parte de la literatura del Génesis. Comencemos por leer el siguiente versículo:

> «La tierra estaba *tohu* y *bohu*, la oscuridad cubría la faz del abismo y el aliento de Elohim *(Ruaj Elohim)* planeaba sobre la superficie del agua». (Gen 1:2)

Imaginemos la línea divisoria que implican los elementos de esta imagen. En una parte tenemos la volatilidad original del espacio dinámico, sin asideros a los que nuestra conceptualidad pueda agarrarse. En la otra, el mismo espacio dinámico, lleno con universos de manifestaciones reconocibles. La parte indiferenciada no puede ser «vista» por las estrategias conceptuales humanas. Es sólo una oscuridad que cubre las profundidades del misterio Divino. En la otra parte se encuentran cada forma y cada sensación que la mente humana puede comprender. Entre ellas se encuentra el medio de intercambio que las equipara, el aspecto de su unidad central, «el aliento de Elohim» o Ruaj Elohim. Sea lo que sea lo que se entienda a partir de esta imagen, nunca debe interpretarse literalmente ni ésta ni ninguna otra metáfora bíblica. Por supuesto, ninguna línea divisoria ha existido nunca.

Los grandes *tzaddikim* que han comprendido la naturaleza de la mente no conciben ninguna diferencia entre ambos estados. Sostienen únicamente la unidad, ateniéndose al Ruaj Elohim. El pensamiento humano ordinario se define a sí mismo y a cualquier otra cosa a partir de la división que he referido. Así, la acción de «planear» (o «cernirse») remite al punto exacto en el que la percepción se desvía hacia la gnosis. La oscuridad que «cubría la faz del abismo» posee múltiples significados. Representa el ocultamiento en sí mismo, el que divide la naturaleza de la mente de la percepción ordinaria. La división es un hábito que surge del momentum de apreciar que la conciencia es un sujeto y sus proyecciones son objetos. Todos los hábitos son extensiones de este hábito central. Teniendo en cuenta que la mente y sus proyecciones no son otra cosa que el Ain Sof, ésta es la ilusión definitiva. Los patrones habituales, a menudo, son establecidos de forma tan profunda que normalmente no pueden ser apreciados. Esta tendencia de autoocultamiento es la oscuridad que cubre todo aquello que implica la palabra *abismo*.

Otro nivel de significado indica que la Divinidad primordial es la oscuridad. Esto no se ajusta a nuestras nociones de realidad o irrealidad, así que no tenemos un punto de referencia que nos permita comprenderlo. No es la substancia ni la falta de substancia. Sin embargo, de ella emana espontáneamente una presencia por virtud de su naturaleza. Como quiera que no podemos conocerla de la manera en la que estamos acostumbrados a conocer, se presenta como un intimidante y asombroso interrogante. Afrontar este interrogante abierto es lo que se explicita más adelante en otra cita bíblica: «Ningún hombre puede ver el rostro de Dios y vivir». La oscuridad primordial es quintaesencialmente creativa. Esto significa que su ausencia de contenido no puede ser simplemente un agujero de vacío. Es un vacío repleto con los aspectos resonantes de una creatividad infinita. Éste es el aspecto de la oscuridad que está «lleno de luz». Cuando seguimos la metáfora de la oscuridad en la literatura cabalística converge con metáforas de pura luminosidad (la imagen de una «oscuridad repleta de conciencia luminosa» será explorada en profundidad más adelante). Ésta es la forma de expresión lingüística más directa que la tradición cabalística nos ofrece para introducirnos en la paradoja de la capacidad de la Shejiná para expresar el Ain Sof. Ésta es la llave para abrir todos temas esotéricos centrales de los tres primeros capítulos del Génesis.

Lo más asombroso de los grandes tzaddikim es que, para ellos, la oscuridad de la naturaleza de la mente es pura iluminación. Ellos ven porque se han rendido completamente a esta oscuridad. El Zohar presenta esta paradoja en relación con esta sección del Génesis:

> «Bereshit, en la cabeza de la potencia real, cuyas inscripciones fueron inscritas en el brillo de lo alto. Una chispa de la lámpara de la oscuridad refulgió en lo oculto de lo oculto desde la cabeza del Ain Sof». (Zohar)

El gran regalo de la Divinidad es que aquellos que han obtenido la lámpara de oscuridad caminen por el mundo y nos enseñen. No huyen hacia una fantasía de evasión. De hecho, son bastante más funcionales y competentes de lo que lo es la gente ordinaria. Esto se evidencia en la forma en la que entablan contacto con los demás. Todos los tzaddikim desean hacer el bien, lo que está directamente relacionado con el hecho de que se anulen a sí mismos frente a la lámpara de oscuridad, y que en virtud de esto posean toda la luz en el mundo.

La expresión hebrea Ruaj Elohim posee profundas implicaciones. El significado cabalístico profundo de la palabra *ruaj* se extiende mucho más allá de su simple traducción como «aliento». Ruaj Elohim es la potencia motriz de la naturaleza esencial de lo Divino que se alza como una presencia. Ruaj Elohim es pura adaptabilidad creativa. Es la forma que la creatividad asume cuando tohu y bohu entran en la diferenciación. La palabra *ruaj* puede significar «viento» en un uso común. El viento es una atmósfera sutil e invisible que se mueve. Cuando el viento se convierte en respiración, actúa como mediador entre el universo interior y exterior de un ser humano. En un sentido cabalístico, las manifestaciones externas e internas de la energía creadora son puestas en movimiento por el viento primordial del Ruaj Elohim. A través de su movimiento se manifiestan el cielo y la tierra.

Ruaj Elohim es el ecualizador transicional entre la pura potencia y la forma manifestada. Con todo, concebirlo como una división entre una cosa y la otra es una pura quimera. En la estructura literal de la narrativa bíblica, Ruaj Elohim se encuentra entre «antes» y «después». Esto es muy importante, ya que aquí apreciamos que Ruaj Elohim es el aspecto manifestado de Bereshit. De esta forma es como se encuentran simultáneamente la naturaleza creativa y la acción creativa. Esta simultaneidad es gnosis y recibe el nombre de *Daat*, que significa «conocimiento» en un sentido gnóstico.

En la cábala, ruaj se refiere al aspecto de la mente que asume los estados perceptivos. El ruaj permite a la naturaleza de la mente moverse a través de la infinita diversidad de la cognición. Es el aspecto central de los cinco aspectos del «alma», que veremos en detalle más adelante. El ruaj representa el espectro de seis atributos que se corresponden con los cielos. Produce todos los estados emocionales y de pensamiento. Estos aspectos internos y externos de movimiento energético tienen sus raíces en un modelo común. Este modelo se articula cabalísticamente a partir de las diez sefirot, en el que el ruaj representa las seis sefirot centrales, desde *Jesed* hasta *Yesod*.

En hebreo, la guematría (valor numérico de las letras) de Ruaj Elohim es 300. Éste es el valor numérico de la letra *shin*. La forma gráfica de la *shin* consiste en tres ramas que se extienden a partir de una raíz común. Esto representa la unidad de tres elementos que representan la creatividad: el centro, la derecha y la izquierda. Es decir, la esencia, la naturaleza y el aspecto aparicional que definen el proceso creador. Estos tres aspectos muestran una raíz común en la letra *shin*, que representa una unidad que actúa como una única actividad Divina, el «aliento de Dios» o Ruaj Elohim.

La letra *shin* se asocia con el fuego. Esto remite a la volatilidad inherente de la expresión creativa, que paradójicamente, consume y genera todas las formas que parecen ser estáticas y fijas. La fuente del fuego se encuentra en el interior de cada una de estas apariciones. La actividad de consumir lo nutre y lo alimenta. El proceso creador exhibe su hambre insaciable comiendo todo aquello que es dado a luz para alimentarse a sí mismo. El fuego del Ruaj Elohim puede ser o hacer cualquier cosa. Cualquier cosa que sea creada es alimento para dar lugar a más creatividad. Este continuo fuego que se autoconsume articula que el Ruaj Elohim no pueda ser fijado en ningún sentido estático. Es el fuego del corazón de todo aquello que está vivo, que simultáneamente crea con vigor y destruye con fiereza.

El fuego de Ruaj Elohim es la vibración de la Shejiná. Es la manifestación creada, el espacio interior que transforma continuamente y el proceso de transformación en sí mismo. Este terriblemente voraz aspecto de la madre es apenas mencionado en la literatura formal. Sin embargo, hay pasajes muy destacados de la literatura esotérica en los que sí se alude a él. El más común de ellos es el altar sacrificial frente al Templo de Jerusalén. Allí, los hábitos animales de los seres humanos eran llevados para ser consumidos por el fuego en la forma de animales vivos. Las ofrendas sacrificiales se convertían en encarnaciones de los defectos de la mente, y su entrega era como arrojar el corazón de uno al fuego de la Shejiná. Allí, la intención del oferente, el hábito que tomaba la forma del ofrecimiento, la Shejiná receptora y el proceso de transformación en sí mismo eran unificados. Así, «ascendían juntos» en el Ain Sof y eran anulados en el espacio básico. Así lo explica este pasaje del Zohar:

> «A través del misterio de la ofrenda, a medida que asciende, todo es unido, iluminando unas cosas a las otras. Entonces, asciende todo y el pensamiento es coronado por el Ain Sof. El brillo desde el que resplandece el pensamiento, del que (la mente) es totalmente inconsciente, es la nada (Ain) en sí misma». (Zohar)

El misterio del sacrificio en el fuego o «la ofrenda» revela la relación dependiente entre el poder que crea y el poder que destruye. Se definen mutuamente y son totalmente interdependientes como expresiones de lo que no puede nacer ni morir. Lo encontramos de nuevo en el Zohar:

> «Ven y ve: "YHVH Eloheinu es un fuego devorador". Éste es un fuego que devora fuego, devorándolo y consumiéndolo, porque hay un fuego más fiero que el fuego. Pero ven y ve: aquel que quiera penetrar en el conocimiento de la unión sagrada deberá contemplar una llama ascendiendo desde un carbón resplandeciente. La llama sólo asciende cuando es comprendida por una sustancia grosera». (Zohar).

Y aquí:

> «Su final está contenido en su principio, y su principio en su final, como la llama de un carbón ardiente». *(Sefer Yetzirá)*

La relación entre la llama y el carbón ilustra la *interdependencia*, que anula la noción de una existencia independiente de cada una de las partes. El fuego depende del carbón para poder arder, y el carbón es combustible sólo porque el fuego lo hace arder. Ninguno de los dos puede afirmarse al margen del otro; de hecho, la existencia de ninguno de los dos puede ser probada a partir de cada uno de ellos por separado, de la misma forma que no puede afirmarse que sean reales o irreales; simplemente aparecen como aspectos de una manifestación creativa sin base sólida. Esta analogía es aplicable a la percepción de los fenómenos en relación con el Ain Sof. El Ain Sof es creador por naturaleza, pero la creación no puede ser si no se expresa a través de manifestaciones. Además, una manifestación requiere creatividad para poder aparecerse. Por lo que ni el Ain Sof ni su desarrollo manifestacional poseen una existencia independiente. No podemos considerar «dos cosas reales» envueltas en la interdependencia, ya que no se pueden considerar fuera del *continuum* del que estas designaciones son derivadas. Cada una es consecuencia de la otra. Es más, a ninguna de las dos se la puede llamar estable, la dependencia las desposee de cualquier posibilidad de autonomía.

El vínculo de dependencia es la esencia del fuego de la Shejiná. Es el fuego que se halla en el corazón de la oración y el anhelo de la realización definitiva. El tzaddik vive este fuego plenamente. Sabe que ni la vida ni la muerte poseen una existencia independiente. Sabe que referirse al Ain Sof como «real» contradice su conocimiento. Su Daat es realmente la puerta que va más allá de dios. El recuerdo de los versículos del primer capítulo del Génesis articula los seis atributos que el Ruaj Elohim asume durante el proceso creador. Están simbolizados por los seis días de la creación. Repasemos y comentemos dichos versículos por separado.

DÍA 1: JESED
La tendencia expansiva de la energía.

«(1:3) Elohim dijo: "Sea la luz"; y fue la luz. (1:4) Elohim vio que la luz era buena; y Elohim separó la luz de la oscuridad. (1:5) Elohim llamó a la luz "día", y a la oscuridad la llamó "noche". Y fue la tarde y la mañana un día». (Gen 1:3-5)

DÍA 2: GEVURÁ
La tendencia contractiva de la energía.

«(1:6) Elohim dijo: "Haya espacio en mitad de las aguas, y divida las aguas y las aguas". (1:7) Elohim creó el espacio, y dividió las aguas que estaban debajo del espacio de las aguas que estaban sobre el espacio. Y así fue. (1:8) Elohim llamó al espacio "cielo". Y fue la tarde y la mañana del día segundo». (Gen 1:6-8)

DÍA 3: TIFÉRET
Armonía energética.

«(1:9) Elohim dijo: "Júntense las aguas que están debajo de los cielos en un lugar, y descúbrase lo seco". Y así fue. (1:10) Elohim llamó a lo seco "tierra", y a la reunión de las aguas llamó "mares". Y vio Dios que era bueno. (1:11) Elohim dijo: "Produzca la tierra hierba verde, hierba que dé semilla; árbol que dé fruto según su género, que su semilla esté en él, sobre la tierra". Y así fue. (1:12) Produjo, pues, la tierra hierba verde, hierba que da semilla según su naturaleza, y árbol que da fruto, cuya semilla está en él, según su género. Y Elohim vio que era bueno. (1:13) Y fue la tarde y la mañana del día tercero». (Gen 1:9-13)

DÍA 4: NETZAJ
La tendencia expansiva en intercambio polar.

«(1:14) Elohim dijo: "Haya luces en la expansión de los cielos para separar el día de la noche; y sirvan de señales para las estaciones, para los días y para los años. (1:15) Servirán las luces en el espacio del cielo para iluminar la tierra". Y así fue. (1:16) Elohim creó las dos grandes luces; la mayor para que gobernase el día, y la menor para que gobernase la noche y las estrellas. (1:17) Elohim las puso en el espacio del cielo para alumbrar la tierra. (1:18) Para gobernar el día y la noche, y para separar la luz de la oscuridad, Elohim vio que era bueno. (1:19) Y fue la tarde y la mañana del día cuarto». (Gen 1:14-19)

DÍA 5: HOD
La tendencia contractiva en intercambio polar.

«(1:20) Elohim dijo: "Produzcan las aguas seres vivientes, y vuelen las aves sobre la tierra, en el espacio abierto de los cielos". (1:21) Y así Elohim creó los grandes taninim, y cada ser viviente que se mueve, que las aguas produjeron según su género, y toda ave alada de cada especie. Y vio Elohim que era bueno. (1:22) Elohim los bendijo, diciendo: "Fructificad y multiplicaos, llenad las aguas de los mares, y que las aves se multipliquen sobre la tierra". (1:23) Y fue la tarde y la mañana del día quinto». (Gen 1:20-23)

DÍA 6: YESOD
El punto de integración de la energía y sus contextos.

«(1:24) Elohim dijo: "Produzca la tierra criaturas vivientes de cada especie, bestias y serpientes y animales de la tierra de cada especie". Y así fue. (1:25) Y así hizo Elohim animales de la tierra según su género, y ganado según su género, y todo animal que se arrastra sobre la tierra según su especie. Y Elohim vio que era bueno. (1:26) Elohim dijo: "Hagamos al hombre a nuestra imagen y semejanza; y que gobierne sobre los peces del mar, las aves de los cielos y las bestias, sobre toda la tierra, y sobre animal que se arrastra sobre la tierra". (1:27) Y así Elohim creó al hombre a su imagen. A la imagen de Elohim lo creó, hombre y mujer los creó. (1:28) Elohim los bendijo y les dijo: "Fructificad y multiplicaos; llenad la tierra, y sojuzgadla, y gobernad sobre los peces del mar, las aves de los cielos y todas las bestias que se mueven sobre la tierra". (1:29) Elohim dijo: "Ved que os he dado toda planta que da semilla que está sobre la superficie de la tierra, y todo árbol en que hay fruto y que da semilla, para que sean vuestro alimento. (1:30) Y para toda bestia de la tierra, todas las aves de los cielos, y a todo lo que se arrastra sobre la tierra en la que hay un vivo nefesh, todas las hierbas verdes serán su alimento". Y así fue. (1:31) Elohim vio todo lo que había hecho, y vio que era bueno en gran manera. Y fue la tarde y la mañana del día sexto». (Gen 1:24-31)

El comentario sobre los seis días requiere comprender cómo cada una de las diez sefirot se relaciona con las demás independientemente. Cada sefirá debe ser examinada individualmente, lo que acometeremos en el contexto de la narrativa bíblica. El siguiente diagrama (figura 2) sitúa las sefirot en el orden apropiado «derecha, izquierda y centro» junto con sus días correspondientes. En la figura 2, Biná y Maljut representan el *espacio creador abierto* al quedar suspendidas sobre el fondo, como el propio espacio. El significado profundo de esto se irá aclarando a medida que avancemos en el texto y se revelará como uno de los aspectos más profundos y singulares del presente comentario.

Las diez sefirot articulan la diversidad creativa inherente al Nombre Divino esencial: YHVH. Sus cuatro letras corresponden a los cuatro modos de expresión interdependientes que constituyen la unidad del proceso creador. El siguiente diagrama (figura 3) ilustra cómo las sefirot surgen de forma natural a través de estos cuatro modos interdependientes expresados al unísono. Se representan por cuatro círculos intersectados, cada uno de los cuales representa una de las cuatro letras del nombre YHVH.

Contra lo que suele creerse, las diez sefirot no son una representación de una jerarquía escalonada que comienza en Kéter y concluye en Maljut. Presentan el Ain Sof como un todo unificado e interdependiente que posee diez funciones interactivas. Las sefirot surgen en conjunto, de la misma forma que las cuatro letras del Nombre Divino expresan su armonía creativa. Esta armonización se representa gráficamente como cuatro círculos que intersectionan entre ellos desde el punto medio hasta el perímetro, como puede verse en la figura 3. El «corazón» de cada círculo está directamente expresado como la «piel» externa del siguiente, como un simple gesto simultáneo que trasciende el origen y la cesación. Si este constructo es apreciado como algo más que la fijación de una progresión lineal, pasa a ilustrar una simultaneidad continua en la que las sefirot y las cuatro dimensiones se apoyan unas en otras interdependientemente.

El constructo de círculos que interseccionan expresando la armonía geométrica de las sefirot ha sido recurrente a lo largo de los siglos.

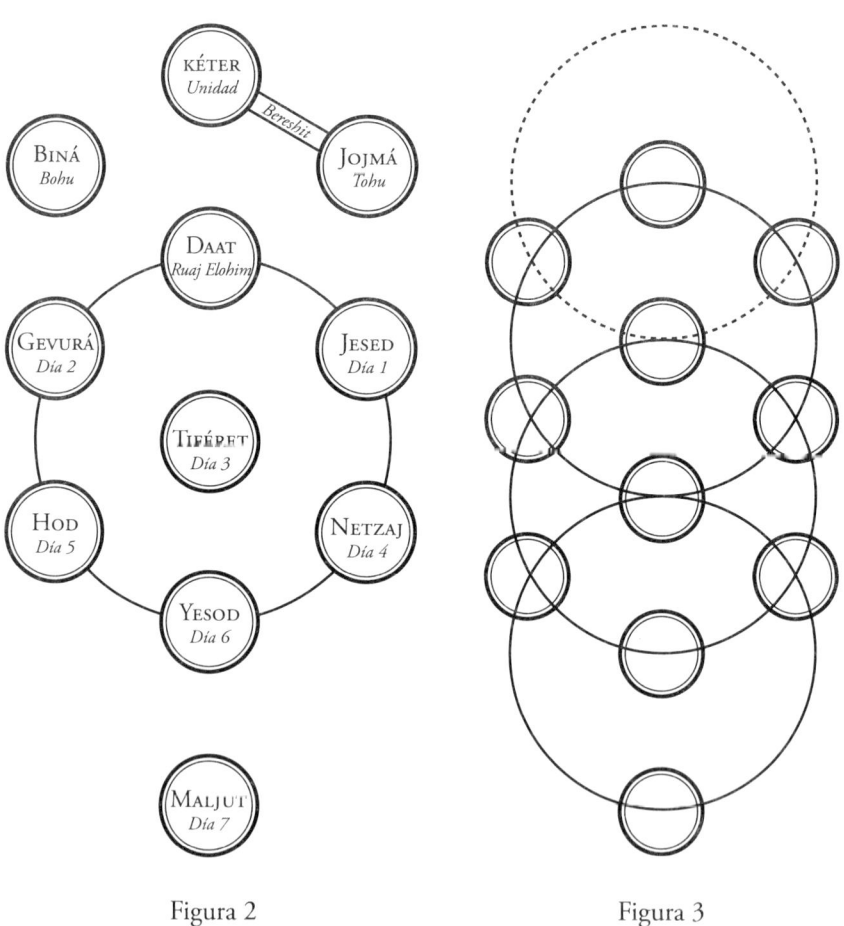

Figura 2　　　　　　　　　Figura 3

En 1682, encontramos un ejemplo temprano de esto en la obra del visionario Jacob Boehme. También lo hallamos en un texto rosacruz alemán, *Geheime Figuren der Rosenkreuzer* (c. 1785). A pesar de que los usos rosacruces son extensos y han llegado a formar un sistema propio, probablemente deriven de su contacto con fuentes judías. Diagramas basados en estos dos se pueden encontrar en numerosas fuentes del siglo xx, como en los trabajos del doctor Paul Foster Case y Warren Kenton.

Cada una de las cuatro letras de YHVH representa una dimensión de la unidad primordial del Ain Sof. Estas cuatro dimensiones son reinos completos por sí mismos, lo que los cabalistas refieren como los *cuatro mundos*. A pesar del error frecuente, los cuatro mundos no dividen estados de pureza superiores de estados de pureza inferiores. Esta visión, basada en una conceptualización divisiva, pertenece exclusivamente al ámbito de la religión teísta.

El Nombre Divino es un *continuum* perfectamente unificado. Las partes que lo componen son sólo puntos de referencia fabricados por la conceptualización para que se puedan usar como herramientas que nos permitan comprender. Sin embargo, a pesar de su unidad inherente, existe una obvia diferenciación en su función fenomenológica, que es endémica a sus mundos. Aquí encontramos una paradoja básica: la unidad no entra en contradicción con la diversidad. Tomar esta premisa permite emplear el estudio de las sefirot para transformar lo que aparentemente son cualidades tangibles en aspectos intangibles del conocimiento.

El conjunto de las tres sefirot superiores (Kéter, Jojmá y Biná) se mencionan con el acrónimo KaJaB. Éstos son modelos primordiales de potencialidad creativa interactiva. Kéter es la nonata esencia de la unidad insustancial. Jojmá es su naturaleza dinámica incesante. Biná es el espacio básico que contextualiza su aparición. En conjunto, las tres, representan la matriz de la posibilidad unificada, es decir, la creatividad en sí misma.

Algunas antiguas escuelas de cábala sostenían que no existe una distinción esencial entre Kéter y el Ain Sof. Ésta es la perspectiva que adoptamos en el presente comentario. Escuelas de cábala posteriores consideraron esto como una herejía teística, ya que afirmaban que siempre debe haber cierta distancia entre el emanador y la emanación (*véase* Ramak). Si esta afirmación se rechaza, entonces debe preguntarse, en primer lugar, por qué existe una denominación específica para Kéter. Como quiera que Kéter significa «corona», establece la unidad en la «cabeza» de la función creativa. Kéter es un recordatorio de que el Ain Sof está siempre implícito, de forma discreta, y afirma la pureza inmutable como cambio continuo. La corona sella las sefirot con un distintivo regio en su extremo. Es el metro patrón que nos indica que todas las sefirot (y sus manifestaciones) son iguales en naturaleza, incluso aunque continuamente presenten diferencias en sus funciones. Kéter extiende esta paradoja como cabeza de este cuerpo cabalístico. Nos recuerda que el Ain Sof y sus funciones sólo están divididas conceptualmente. Así pues, la relación entre el Ain Sof y Kéter resume la paradoja central del proceso creador. Y nosotros regresamos al corazón de esta paradoja a través de la fe, que implica adherencia a una unidad que no puede ser quebrada por la diversidad de sus manifestaciones.

Escuelas cabalísticas recientes sostiene que Kéter es un estado inferior al Ain Sof y creen que opera como agente de un misterio irrepresentable e inefable. Esta división es el principio de numerosas y complejas divisiones del propio Kéter, que constituye la base de un sistema cosmológico que trata de explicar el origen del mal. Este desarrollo cosmológico recibe el nombre de «romper las vasijas». Comienza con la separación de las sefirot superiores y su «caída», que forma los mundos inferiores, que se presentan a sí mismos en fragmentos como resultado de la ruptura primordial. Escuelas más recientes creen que el ser humano une los fragmentos de la Santidad y los eleva a través del servicio a la Divinidad. La mayoría de los buscadores espirituales se horrorizarían ante tales ideas. Es mucho mejor sostener que nada nunca ha sido separado de nada. La adherencia radical a la unidad se puede y se debe mantener, ya que la alternativa implica flirtear con una visión dualista basada en la guerra entre las fuerzas de la unidad y el caos.

La esencia Divina y su naturaleza no pueden ser separadas, como el azúcar y su dulzor o el agua y su humedad. Así, Kéter y Jojmá son ambas consideradas aspectos de la primera letra del Nombre Divino: la *yud* de YHVH. La *yud* se divide gráficamente en dos partes: el extremo superior, la punta, que representa Kéter, y el cuerpo abombado que parte de la punta y que representa Jojmá. El vértice de la yud simboliza un punto «ideal» o «absoluto», que es una perfecta unidad sin dimensión. Un punto absoluto es indivisible, ya que no puede reducirse a un contraste dualista relativo. Todo el espacio y todas las coordenadas y relaciones que son posibles en él son iguales desde la perspectiva de un punto absoluto.

En el Talmud, los hombres sabios de Atenas (que representan el pensamiento lineal racional) preguntaban a los rabinos: «¿Dónde se encuentra el centro del universo?». Y un rabino señaló con su dedo un punto al azar y dijo «aquí». Esto implica que el punto central, el corazón, es omnipresente, porque el punto de inicialidad se encuentra en cualquier parte, por lo que también estaría «aquí». Entonces, los atenienses preguntaron a los rabinos: «¿Cómo lo sabéis?». Y los maestros respondieron: «Traed cuerda y lo mediremos». Esta historia implica que todas las relaciones entre puntos son viables a través de la posibilidad abierta del punto absoluto que Kéter nos presenta. Las mediciones emergen desde su indiferenciada «inicialidad». Ya que esta posibilidad no está fijada y es omnipresente, todas las relaciones entre puntos relativos se pueden fabricar de igual manera. No se puede establecer un centro lógico en una localización específica, así que la medida comienza en cualquier lugar en el que surja el concepto que le da inicio. Así es como las divisiones conceptuales aparecen en la mente de los seres humanos. La posibilidad abierta es la naturaleza esencial de la mente, pero la fijación de conceptos que dependen de medidas artificiales surgen en ella. Al estar permanentemente presente en ella el proceso de «inicio», la «cuerda para medir» conceptual de los atenienses es una idea que puede aflorar en cualquier momento.

El Ain Sof sólo puede ser expresado mediante la proyección de Jojmá, que es su propia naturaleza radiante. Jojmá es el «brillante resplandor» de la potencialidad abierta de Kéter, por lo que se le denomina también la luz *(aur)* del Ain Sof. Esta naturaleza radiante es la vida inherente contenida en todo el espacio y en todas las manifestaciones. Se representa por la extensión del punto absoluto en el cuerpo de la *yud*.

En la geometría sagrada, Jojmá se representa por una línea sin fin que mana el punto primordial de Kéter desde ninguna parte hacia todas partes. Ésta es la luminosidad de Bereshit que continuamente se muestra sin limitaciones. Está lleno de la capacidad de *transformarse*. El punto y su línea representan una unidad indiferenciada más allá del principio y del final. No pueden ser ubicados, pero ambos están implícitos en todas las ubicaciones. Son las bases infinitas de cada entidad finita. Esto es la base mística de la «cuerda» con la que los rabinos respondieron a los atenienses. Es la base gnóstica de todas las cosas medidas o conocidas.

La traducción de Jojmá es «sabiduría». Es la sabiduría del conocimiento puro, la naturaleza nonata de la mente. Esta claridad de la conciencia es el conocimiento bruto que hace posibles todas las manifestaciones de la mente. Desde un punto de vista relativo, las manifestaciones se dividen en internas y externas. Estas y todas las demás divisiones son arbitrarias desde la perspectiva de la sabiduría. La iluminación de Jojmá va mucho más allá del conocimiento fijado sujeto-objeto que en la literatura mística se llama «oscuridad». Esto se debe a que su luz no se puede reducir a términos sustanciales o tangibles. No surge desde alguna parte para brillar en cualquier otra. Es iluminación más allá de cualquier origen o destino mesurable.

La *yud* es la base gráfica de todas las letras hebreas. La continuidad entre la punta-Kéter y el cuerpo-Jojmá es evidente en la parte superior izquierda de cada letra, antes de que el trazo tome su forma específica. En este sentido, todas las letras hebreas se consideran elaboraciones de la *yud*. Esto indica la presencia innata de la sabiduría esencial en el corazón de cualquier discurso. Cabalísticamente, la generación creativa de las manifestaciones se denomina «discurso Divino». Esto quiere decir que todas las manifestaciones son una expresión de la luz del Ain Sof. Todas las manifestaciones creadas por Elohim a través del verbo reflejan su naturaleza esencial, que es Bereshit. Esto se aplica a cualquier combinación posible de letras y a las infinitas variaciones que proyectan. Así pues, Bereshit (Kéter-Jojmá) es el poder central de la creatividad manifestado en todas las cosas. *Véase* figura 4 en esta página.

La yud tiene también una punta inferior, que es su tercer elemento gráfico. Ahí es donde el caudal de la luz suprema entra en el océano de Biná.

Figura 4

Los tres aspectos (punta, cuerpo y punta inferior) se indican en la siguiente cita por los términos «raíz», «cauce» y «gotita»:

> «*Yud* es una fuente: sus raíces están enraizadas, y sus cauces están conectados, y sus gotitas se basan en la completitud del círculo». *(La fuente de Jojmá)*

La tríada KaJaB (Kéter, Jojmá, Biná) se puede comprender como un círculo. Un círculo se construye a través de la interacción de tres partes: un punto central, una línea radial y el perímetro, elementos que se corresponden respectivamente a Kéter, Jojmá y Biná. El punto central representa la potencia esencial que sólo asume una posición fija en relación a unos márgenes establecidos. Se extiende a sí mismo como una línea, que puede detenerse en un rango infinito de puntos secundarios. Esto puede manifestar un mundo entero en el que pueden aparecer infinitas relaciones internas, lo que es posible gracias al envoltorio, que es la consecuencia de una rotación de 360° en arco de la línea alrededor de su punto central. Esto circunscribe tanto la línea como el centro en el interior de un perímetro circular.

Cuando la línea se detiene, asume una extensión mesurable. Entonces es tomada por un segmento y su naturaleza radiante se ve ocultada y parece «cerrada». Por consiguiente, se puede realizar una distinción entre la naturaleza auténtica de la línea y la apariencia de su función relativa. Lo mismo se aplica al perímetro del círculo, que es la «autoenvoltura» total de la línea. La apariencia relativa del perímetro sugiere un límite, pero su naturaleza es abierta, como lo es la de la línea. Se manifiesta en cualquier lugar en el que la luminosidad surja, y representa la expansión contextual de la infinita capacidad de la línea para «jugar».

Desde el punto de vista más elevado, el círculo representa espacio abierto contextualizando cualquier cosa que la luminosidad sostenga. Si atendemos a esto, el punto representa el corazón de la creatividad, la línea es su naturaleza radiante y el perímetro es su espacio absolutamente inclusivo. Los tres poseen el mismo valor y son una completa unidad. Sin embargo, si sólo atendemos a lo mesurable, entonces el punto representa una posición logística, la línea es una herramienta de medida y el perímetro es un simple contorno. Los tres son así fijados como «objetos», cuando una visión basada en la medida congela su naturaleza creativa abierta. Esto equipara medir con fijar. Es análogo a coartar la mente a través de la asunción de que algo «existe». Esto oscurece la posibilidad aparicional abierta del espacio y su luz. Esto sucede allí donde la mente fije una manifestación. El círculo se convierte en un símbolo de limitación y su naturaleza se oculta y olvida. Cuando esto sucede, sólo queda una «cáscara» *(klipá)* superficial. Pero si los tres aspectos expresan creatividad dinámica abierta, el círculo es entonces un símbolo de completitud y libertad. Desde este punto de vista, las apariciones vienen y van, pero la naturaleza Divina que lo hace posible es honrada.

Biná es espacio primordial, repleto con esencialidad nonata y su naturaleza luminosa. El espacio es simplemente potencial abierto para la manifestación. No cambia en esencia, pero siempre cambia en apariencia. Posibilita infinitos mundos, como infinitos círculos pueden ser trazados en cualquier parte desde el punto omnipresente y el resplandor de su línea. Así, Biná es la expresión culminante de la tríada suprema (KaJaB), que es una perfecta unidad creativa.

Biná corresponde a la *he* superior de YHVH. Como ya se ha mencionado, cada letra hebrea deriva gráficamente de *yud*. La *yud* se encuentra gráficamente en la parte superior horizontal de la *he*, que es como una *yud* larga y horizontal. Pero, la *he* se relaciona con la *yud* de una forma más íntima, como un útero en gestación con la semilla que acoge. La *he* representa la capacidad primordial para reflejar el infinito tsimtsum. Esta capacidad para contextualizar y mostrar manifestaciones es posible gracias a la presencia innata de su superabundante sabiduría luminosa, que es la *yud*. Su simultaneidad se demuestra a través de una fórmula esotérica clásica procedente del Zohar, según la cual todas las letras hebreas se pueden deletrear como palabras. Esto se denomina el «nombre de la letra». El nombre de la letra de *yud* se deletrea *yud-vav-dalet* (YVD). Cuando se combinan gráficamente, la *dalet* y la *vav* del nombre de la letra *yud* crean la forma gráfica de la *he*. Esto implica que la *he* se encuentra en la *yud*, de la misma manera que todos los espacios y contextos son primordialmente posibles en la luz del Ain Sof. Esto queda demostrado por la siguiente cita y el siguiente diagrama extraídos del Zohar (figura 5).

> «De la *yud* surge lo masculino y lo femenino: *vav* y *dalet*. *Yud* es masculino, *he* es femenino». *(Sifra Dtzniuta)*

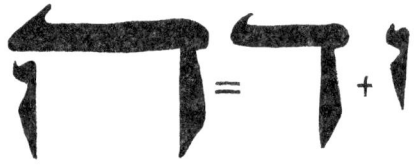

Figura 5

La presencia de la *he* en el nombre de la letra *yud* parece sugerir que el espacio surge *desde* la luz; sin embargo, eso no es así. Dicha relación únicamente prueba que la luminosidad y el espacio comparten una naturaleza original común. Son completamente coemergentes y simultáneos, y expresan una unidad más allá de un orden secuencial. La relación entre la luminosidad y el espacio, en la cábala, está asociada a la reproductividad: Jojmá es llamado *padre* (la semilla) y Biná es la *madre* (el útero). La paradoja es que el útero está presente en el interior de la semilla, que, definitivamente, lo impregna. Cabalísticamente, el espacio está continuamente en gestación. Así pues, es obvio que su simultaneidad se encuentra más allá de cualquier estructura conceptual de orden o tiempo. Esta simultaneidad reproductiva expresa la verdad acerca de la naturaleza creadora, que está por encima de los contrastes dualistas. Al fertilizar la semilla su propio útero, se hace evidente una unidad común esencial. Esto es Kéter, es decir, la unidad inherente al Ain Sof en el juego reproductivo entre Jojmá y Biná.

El siguiente fragmento del Zohar alude a la simultaneidad coemergente de la luminosidad y el espacio como «dividida pero no dividida». Este pasaje está escrito desde la perspectiva de Kéter: el punto central más allá del tiempo y el espacio. Se refiere a una paradoja que expresa tanto la diversidad como la completitud sin que implique contradicción. Éste es el misterio esencial de la creación: es simultáneamente diversa y unificada, más allá de los extremos. Su dinamismo está simbolizado por lo que el Zohar expresa como «impacto de la división» que «no puede ser conocido». El Zohar dice:

«En lo profundo de la lámpara, oculto en lo oculto del misterio del Ain Sof, brotó un caudal extendiendo el color hacia abajo. Dividió pero no dividió la luminosidad de su espacio, y no pudo ser conocido hasta que bajo el impacto de la división un único punto superior oculto brilló. Más allá del punto, nada es conocido, así que es llamado Bereshit». (Zohar)

La equidad coemergente del padre y de la madre queda anulada por el Ain Sof. No poseen más identidad separada que la perpetuación de la creatividad nonata. Esto es lo que la fe, como se describe aquí, nos recuerda: nada posee una existencia separada e independiente; todo surge vívida y prodigiosamente. Esta disposición mágica puede estar basada en anular cualquier cosa que erróneamente sea considerada como algo separado. Puede disolver la ficción de cualquier fijación logística o temporal en mitad de la actividad. Anular una fijación no significa que todo se disuelva o se fugue; simplemente implica cortar la raíz de los artefactos de la mente. Cuando los seres humanos aspiran a estas estancias, la creatividad primordial tiene la oportunidad de mostrar su esplendor ilimitado.

El rol de Kéter (que representa la anulación y la unidad) es ilustrado por dos importantes nombres empelados en el Zohar. Los nombres son *Atika Kadisha*, que significa «el Santo Antiguo» y *Atik Yomin*, que significa «el Anciano de los Días». Estos nombres aluden a la trascendencia del tiempo y las relativas circunstancias del movimiento. Fabricar un contexto temporal asegura la percepción superficial de los sucesos, de la misma manera que las partes de un círculo se pueden percibir únicamente a partir de sus medidas. Lo que es primordialmente «antiguo» trasciende esto así como todos los contextos que traten de estructurarlo. Kéter es la unidad «original» de la luminosidad y el espacio, que se encuentra más allá de las limitaciones de cualquier carcasa circunstancial. Su sabiduría se refleja en el siguiente pasaje del Zohar, contenido en la sección «Idrá Rabbá»:

> «Jojmá lo incluye todo, y surge y brilla desde Atika Kadisha, como masculina y femenina. Sobrevive únicamente por otro aspecto distinto al masculino o femenino. A medida que Jojmá lo expand, produce Biná. Jojmá y Biná pesan lo mismo. Jojmá es un padre para todos los padres». (Zohar)

El conocimiento primordial se llama «padre de todos los padres». Esta semilla de creatividad contiene cualquier posibilidad, incluyendo la posibilidad del espacio abierto en el que las manifestaciones se gestan y se alumbran. Esto es «Jojmá produciendo Biná por sí misma». Existe una profunda guematría que arroja luz sobre la naturaleza de Jojmá. Como se ha mencionado más arriba, la palabra «luz» en hebreo es *aur*, que tiene un valor numérico de 207 (AVR: A [1] + V [6] + R [200] = 207). Este valor numérico es compartido con la expresión Ain Sof, y también con la palabra que ejemplifica el misterio: *raz* («secreto»). Así, a partir de esta guematría, podemos concluir que la esencia secreta, oculta, del Ain Sof es absolutamente igual a la expresión creativa de su luz. Ésta es la sabiduría de Atika Kadisha, apreciada en la paradoja de la simultaneidad, ambos vívidos y sin una existencia independiente.

La luz del Ain Sof es el «corazón» de la gestación de la Shejiná. Es la naturaleza «central» de todas las cosas, lo que equivale a Kéter. Ésta es la base de la Shejiná para gestar, dar a luz y alimentar todas las manifestaciones. Esto es lo que se presenta en el siguiente pasaje del siglo XIII. Nótese que la Shejiná se coloca en la «cabeza», lo que constituye una referencia a Kéter:

> «Ella está en medio, y rodea, y está situada en la cabeza. Ella nutre a todo de poder, y se sustenta de todo. Todo es sumergido y todo emerge de ella». *(La fuente de Jojmá)*

La gestación de la Shejiná da vida a la gnosis y la fijación por igual, sin que ninguna de las dos divida su esencia natural. Todas las manifestaciones confirman esta paradoja. La muestra de manifestaciones del Ain Sof es continua, insustancial y vívidamente prodigiosa; sin embargo, en su perfecta unidad se presenta la «imperfección». Desde la óptica de la «pureza original», incluso la palabra *impureza* es pura. Pero desde un punto de vista ordinario basado en la fijación de sujetos y objetos, la impureza y la pureza son opuestos en constante conflicto.

La Shejiná es el espacio original de todas las perspectivas. Su prístino potencial de gestación es Biná, pero la asunción de su variedad de manifestaciones constituye la sefirá Maljut. Maljut está representada por la *he* final de YHVH. ¿Cuál es la diferencia entre Biná y Maljut? El espacio no cambia ni divide. La diferencia entre ellas solamente revela intervención humana. Desde la perspectiva de la pureza original son iguales en la naturaleza esencial del espacio, pero desde el punto de vista de la percepción convencional, Maljut se diferencia sobre la base de sus características definitorias. Desde este punto de vista, Maljut representa un universo «roto» en fragmentos en los que las diferencias y las divisiones parecen reales.

Entre Biná y Maljut, los atributos de los seis días que definen el movimiento creador, asumen sus características. La motricidad define la energía, el tiempo y la percepción. Cabalísticamente, los seis aspectos están *en* el espacio de la Shejiná, que Biná y Maljut presentan. El principal interrogante es: ¿cuál es la divergencia entre Maljut y Biná?

La cita anterior del Zohar sostiene que Jojmá emerge de Atika Kadisha como masculino y femenino, y sobrevive en otro aspecto distinto al masculino y al femenino. La interpretación habitual de este pasaje expone que la manifestación se afirma a través de Kéter. Las manifestaciones se expresan como una danza de luminosidad y espacio, que se extiende en una infinita cadena de contrastes interactivos. Contrastes que surgen en el interior de otros contrastes, que surgen de otros contrastes, que surgen de otros contrastes…, como en un juego de espejos. Estos reflejos son los que se presentan como muestras del espacio supremo en su naturaleza de espejo.

Entre Maljut y Biná se forman todos los hábitos perceptivos. Estos hábitos son imputados en el espacio de Maljut, y así su apariencia se toma como la «realidad». El hábito de la fijación oculta su pureza, y la luminosidad espaciosa queda sepultada por una miríada de apariencias reflectadas. Sus manifestaciones son cosificadas cuando la mente trata de atesorarlas y comprenderlas. Esto hace que parezca que Biná y Maljut estén separados y perpetúa su disparidad.

Los cabalistas se refieren a Biná y Maljut como los *aspectos superior e inferior de la Shejiná*. El agua superior representa el espacio básico, la unión del útero y la semilla, que nunca cambia. El aspecto inferior refleja el cambio infinito y las condiciones adaptativas que reflejan los hábitos de la mente. Ambas, tanto las fijaciones como la gnosis, se pueden reflejar en el espacio de Maljut. Si las primeras dominan, entonces las manifestaciones se reducen a la condición de objetos fragmentados. Pero si es la segunda, entonces la unidad prevalece, y Biná y Maljut dejan de estar divididas.

Biná se denomina agua «masculina» porque está unificado con la semilla primordial y son indivisibles. Maljut se denomina «femenina» porque se manifiesta de acuerdo al cambio, y puede tanto invitar como bloquear el aspecto «masculino». Estos términos son sólo provisionales, ya que las dos *he* de YHVH representan una feminidad básica. Únicamente son denominados masculino o femenino para revelar de qué forma es construida la ilusión de su separación.

Las diez sefirot, como todo, son también divididas en función del género. Hay cinco masculinas, llamadas *jasadim* (Kéter, Jojmá, Jesed, Tiféret y Netzaj), y cinco femeninas, llamadas *dinim* (Biná, Gevurá, Hod, Yesod y Maljut). Ése es otro de los niveles de lectura que nos ofrecía la cita anterior del Zohar cuando expresaba «Sobrevive únicamente por otro aspecto distinto al masculino o femenino». En conjunto, las cinco sefirot masculinas y las cinco sefirot femeninas muestran la completitud de *yud*. *Yud* posee un valor numérico de diez. Su naturaleza esencial completa se expresa al desplegarse el espacio en el que se muestra, como una boca que se separa en dos labios para hablar. Esto es precisamente lo que sucede cuando los pronunciamientos creadores del Génesis son expresados. A través de su Santo discurso creador, el movimiento surge en el espacio, y las seis sefirot entre Biná y Maljut asumen sus atributos.

La *he* posee un valor numérico de cinco, y así, sus dos aspectos representan una unidad decimal, que alude a *yud*. Su expresión de valor cinco se denomina «la huella de la mano» de la Shejiná, y el *Sefer Yetzirá* ofrece una fórmula de cincos duales representada simbólicamente por dos manos que se unen durante la oración. Estas dos manos establecen una unión, que suma diez, a partir de las dos partes de cinco dedos. Su vínculo alude al «pacto» que unifica la deficiente percepción humana con el Ain Sof. Esto refleja el misterio que el Zohar llama «dividir pero no dividir». El *Sefer Yetzirá* relaciona este pacto con la esencia no dual de las diez sefirot y alude a *belimá* (la nada), que es uno de los nombres del Ain Sof. Reconocer la nada anula las manifestaciones y la paradoja de una multiplicidad unificada más allá de los extremos se hace creíble:

> «Diez sefirot de la nada *(belimá)* como el número de los diez dedos, cinco contra cinco, y la alianza exactamente en medio de ellos». *(Sefer Yetzirá)*

La palabra *belimá* está formada por dos palabras: *beli* (sin) y *mah* (algo). Su guematría es 87. Esta guematría es la misma que la de la frase «Ani YHVH», que significa «Yo, Dios» o «Yo soy Dios». Esta oración aparece en varios pasajes de la Biblia, y es un indicio que explota el mito de una deidad teística y concreta. Sugiere que la potencialidad gestante o «la nada» es la base auténtica de las sefirot, las que, por extensión, son también toda la creatividad y la gnosis.

Cabalísticamente, todas las manifestaciones son simbólicamente divisibles por cinco. La naturaleza quíntuple de las manifestaciones es expresada metafóricamente en el *Tikkuney Zohar* como «cinco colores». Estos colores articulan cómo la luz del Ain Sof se refleja entre Biná y Maljut. Dice:

> «*Yud* es su medida. La *he* superior es cinco veces luz. La *he* inferior son los cinco colores en los que las cinco luces brillan. Cuando la *he* superior expande su brillo a la *he* inferior, en sus cinco sombras, inmediatamente, la *vav* se expande hacia ella». *(Tikkuney Zohar)*

El maestro jasídico del siglo XVIII, rabí Nahmán de Breslav, usa esta metáfora para desarrollar cómo el Daat (conocimiento) de la gnosis es posible. El rebe asegura que son «cinco cosas» las que cultivan la realización Divina. Y éstas no son cinco cosas separadas; representan una quíntuple presencia inherente a todas las cosas. Es el común denominador de la Shejiná, que establece el pacto «entre las manos» en todas las manifestaciones. Rabí Nahmán afirma:

> «No hay diferencia entre el Daat humano y el Daat de Dios, a excepción de cinco cosas. El Daat del hombre se nutre del Daat de Dios». *(Likutey Moharan)*

El Daat de las «cinco cosas» es cultivado cuando las manifestaciones están vinculadas a la intención de honrar la pureza de la Shejiná. Esto se puede comprender a través de correspondencias cabalísticas que representan las manifestaciones como una serie de patrones quíntuples. A continuación se exponen algunas correspondencias a modo de ejemplo:

- **Las cinco divisiones de las sefirot:** Maljut, las seis centrales, Biná, Jojmá y Kéter.
- **Los cinco aspectos de la mente (o «alma»):** Vitalidad aparicional (nefesh/*he*), pensamiento y sentimiento (ruaj/*vav*), espacio de pensamiento (neshamá/*he*), naturaleza de la mente (jayá/*yud*) y esencia (yejidá/la punta de la *yud*).
- **Los cinco mundos:** Forma aparicional *(assiá)*; energía *(yetzirá)*, espacio axiomático *(briá)*, luminosidad (atzilut) y esencia guiadora (Kéter-Adam Kadmon).

Los cinco elementos: Tierra, aire, fuego, agua y la esencia natural del espacio.
Los cinco sentidos: Tacto, gusto, oído, olfato y vista.

La cita del *Tikkuney Zohar* señala que la *vav* emerge cuando Maljut y Biná se relacionan. La *vav* de YHVH es el movimiento incesante que extiende el dinamismo de Bereshit en patrones energéticos. Gráficamente, la *vav* es una *yud* con su arista inferior alargada hasta la base del renglón. Esta extensión representa el «descenso» de la energía manifestada que convierte Bereshit en una manifestación.

La presencia gráfica de la *yud* en la «cabeza» de la *vav* es tanto literal como figurativa. Esta conexión ilustra cómo la energía extiende su naturaleza esencial. Su adaptación, en seis tipos de movimiento (*vav* = 6) se explica en el *Tikkuney Zohar*:

> «Bereshit: VaRA ShYT (seis son creados). ¿Quiénes son? Seis estancias. Elohim, madre Suprema, se encuentra por encima de ellas, ya que es el séptimo. Como madre Suprema, emana seis, por lo que la madre manifestada también revela seis. ¿Quiénes son? El cielo y la tierra». *(Tikkuney Zohar)*

Esta ingenua cita recoloca las letras de la palabra *Bereshit* de manera que afirmen «seis son creados». Éstas son las seis sefirot centrales, llamadas las «seis estancias», para ilustrar cómo la energía es contextualizada por el espacio. El término «estancia» expresa la tendencia adaptativa del espacio. El espacio se adapta para dar cabida a cualquiera que sea el movimiento energético que se manifieste. De esta forma, las seis estancias de energía enlazan Maljut y Biná, el espacio con el espacio, y así la *vav* une las dos *he* como una singular expresión continua.

La clave de estas correspondencias se expresará en una construcción única llamada «diagrama de la Imagen Divina» (figura 7). En esta composición, las cuatro letras de YHVH se sitúan en armonía geométrica en el interior de las diez sefirot, como habíamos visto en los cuatro círculos intersectados. Habiendo investigado la naturaleza del círculo, debería estar claro que cada uno de los cuatro «mundos» es una expresión de la creatividad primordial de KaJaB, y en esencia, poseen el mismo valor.

El diagrama de la Imagen Divina ilustra el patrón central inherente a todas las expresiones de la creación. Esto se refleja directamente en la configuración del cuerpo humano, que sugiere que los seres humanos han sido diseñados para la realización gnóstica. Los humanos son los únicos seres que pueden alcanzarla. El reino humano permanece en algún lugar entre el denso hábito de la solidez y la libertad de la naturaleza de la mente. Este ocupar un «camino intermedio» posee profundos beneficios. Ofrece un sentido de factualidad inmanente de las manifestaciones, y también ofrece la oportunidad de expandir su viveza en la vastedad de su territorio. Cuando estos aspectos de la viveza manifestada y el espacio básico cesan de estar separados, la gnosis despierta.

Figura 6

El modelo de cómo las cuatro letras crean la imagen vertical simple de un humano de pie debería examinarse (figura 6). La correspondencia entre las letras de YHVH y el cuerpo humano posee diversas variaciones cabalísticas. La que emplearemos aquí es la siguiente: la *yud* es la cabeza; la *he* superior es el eje formado por los hombros y los brazos; la *vav* es la columna vertebral, y la *he* final es la cadera y las piernas. Esta semblanza aparece en el versículo 1:26 (día sexto), cuando se produce la creación del ser humano.

El diagrama de la Imagen Divina es un código que desvela el contenido esotérico de los tres primeros capítulos del Génesis. Queda claro que es el cianotipo del proceso creador, que posee ramificaciones que exceden el alcance de este comentario. El diagrama puede ser aplicado a todos los libros de la Biblia, así como a diversas obras de alquimia y gnosticismo. De una forma u otra, está presente en la mayoría de las obras cabalísticas.

Los espacios sombreados sobre la *he* superior y bajo la *he* inferior (figura 7) ilustran las *aguas superiores e inferiores*. Esto revela el alcance de los aspectos Biná y Maljut de la Shejiná. Biná y Maljut son las únicas sefirot que no tocan las cuatro letras de YHVH directamente en el diagrama. Están suspendidas como el espacio en sí mismo. La unidad de estos aspectos y el peligro siempre presente de dualizarlos se sugiere en un pasaje del Talmud. Cuando se habla metafóricamente sobre alcanzar la realización de la naturaleza de la mente, el rabí Akiva lanza la siguiente advertencia:

> «Cuando te acerques al lugar de puro mármol, no digas: "agua-agua". Como se ha dicho: "Aquel que habla con falsedad no permanecerá ante mis ojos"». *(Chagigah)*

Repetir «agua» al encontrase a punto de alcanzar la realización implica que la creencia en los extremos de la dualidad persiste. Esto es la antítesis de la gnosis, simbolizada por un agua infinita y sin divisiones. Los aspectos de la vida siempre aparecen divididos, pero comprender su adherencia a la unidad a pesar de la aparente contradicción que esto supone es una auténtica prueba de fe. Así, la afirmación «agua-agua» representa el reto que supone cada acto cognitivo. Ésta es la verdadera prueba de lo que proclama el Shemá.

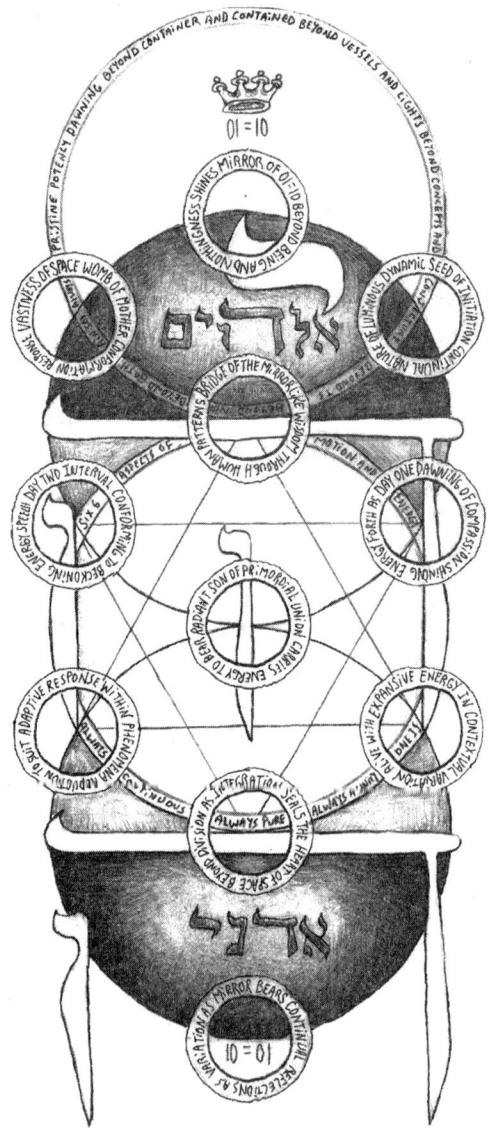

Figura 7

Para analizar el diagrama en detalle, debemos comprender que el simbolismo interno de la forma gráfica de la letra *he*. *He* se compone de tres partes: la parte superior horizontal y dos «piernas» laterales. La pierna derecha conecta directamente con el travesaño superior, mientras que la izquierda está desconectada o segmentada. El travesaño superior de la letra es muy importante. Supone una división artificial entre el espacio indiferenciado sobre la letra y el espacio inferior acotado por las «piernas» de la letra. Dicha distinción establece un microcosmos sobre las aguas superiores e inferiores en el interior de una simple *he*. Encima se encuentra su aspecto Biná, y abajo, su aspecto Maljut. Sin embargo, como es sabido, ambos son completamente iguales en la paradoja «agua-agua».

El espacio bajo el travesaño superior, entre las piernas de la letra, es donde se manifiestan las reflexiones infinitas. Las tendencias de la derecha y la izquierda ejercen ahí su influencia. El espacio superior no puede ser limitado por ninguna influencia o condición. Así, el dispositivo gráfico del travesaño horizontal indica tsimtsum, es decir, el corazón de la paradoja creativa. El tsimtsum parece dividir las apariencias y proyectar ese sentido de división en uno eco infinito que refleja el espacio interior. Como es sabido, este juego creador se ajusta a la manera en la que se percibe. El juego del tsimtsum no es real ni irreal, excepto en el plano perceptivo. El tsimtsum es una invitación abierta a manifestar los hábitos de la mente. En la ilustración que sigue (figura 8), los ecos del tsimtsum se representan en el interior de la *he* del nombre Elohim. El eco se manifiesta por siete veces (en alusión a las siete sefirot inferiores). Dispuesto verticalmente en relación con esta figura se encuentra el nombre de Jojmá: *Yah (yud-he)*. Ésta ubicación permite a la *yud* de *Yah* representar la expansión suprema sobre el travesaño horizontal.

Una persona percibe manifestaciones completamente únicas en cada momento porque el tsimtsum es siempre único. Las manifestaciones son un producto de la mente, y la cognición es un estado constante de singularidad. El tsimtsum es incesantemente creador y ampliamente adaptable a los infinitos tipos de mentes humanas. Ésta es la clave del

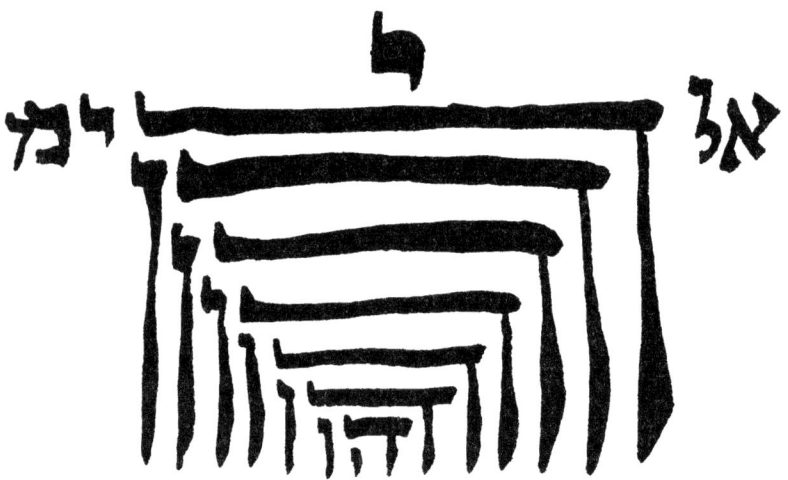

Figura 8

simbolismo de la *he*. Su travesaño horizontal parece una línea divisoria, pero la Shejiná es indivisible. El travesaño proyecta la sombra de los hábitos perceptivos de los seres humanos a través del espacio. Es como el perímetro de un círculo, que espera a surgir para cerrar y velar el espacio básico allí donde sea necesario. El espacio posee la capacidad de sellarse a sí mismo a invitación de un hábito perceptivo. Porque las tres sefirot superiores, que crean círculos, son las tres ubicuas, la antesala del útero de la Shejiná puede contraerse cualquiera que sea el límite que los humanos establezcan al alcance de sus mentes.

Los espacios situados sobre y bajo el travesaño horizontal de la *he* son interdependientes. El superior es pura creatividad sin contornos, y en el inferior se suceden manifestaciones continuamente adaptadas. Cada uno depende del otro «como la llama y el carbón ardiente». No puede haber creatividad sin manifestaciones. ¿Cómo podríamos referirnos a la creatividad sin ellas? Pero tampoco puede haber manifestaciones sin creatividad. ¿Sobre qué base se alzarían? Por lo tanto, ninguna existe de manera independiente; cada una depende de la otra para poder cumplir con su propósito. Son una unidad creativa únicamente separada en términos conceptuales artificiales.

En el diagrama de la Imagen Divina, el travesaño superior de la *he* desciende a la sefirá de Daat. Daat se corresponde con el Ruaj Elohim, que marca la transición de las tres sefirot superiores a las siete inferiores. Cabalísticamente, esto diferencia la «cabeza» del «cuerpo». Pero no es tan sencillo. La naturaleza del Ruaj Elohim es igual en ambas partes. Éste es el corazón de la paradoja del «Ruaj Elohim que se desliza sobre la superficie del agua». La creatividad indiferenciada de arriba y sus atributos diferenciados de abajo no están separados de ningún modo. Sin embargo, no puede negarse la aparente separación a través de la que se presentan. El antídoto para la costumbre mental de cosificar y dividir es realizar una inmersión en su paradoja central. El Ruaj Elohim es creatividad bruta que surge en diversas manifestaciones aparentes. Esta Sagrada paradoja es la naturaleza de la Shejiná.

La *he* inferior también manifiesta interdependencia. La energía no puede moverse sin un contexto espacial en el que hacerlo, y el espacio no puede contextualizar sin que haya movimiento que se desarrolle en él. Todo esto sucede bajo el travesaño superior de la *he*. En el diagrama de la Imagen Divina, el travesaño de la *he* inferior desciende hasta Yesod, en el punto intermedio entre el cielo (seis centrales) y la tierra (Maljut). En Yesod, el movimiento y el espacio pueden o no ser reconocidos como una unidad. Cuando ambos estados se integran más abajo, se alcanza la completitud de Daat, igual que arriba. Sin embargo, los patrones dualistas de Yesod pueden también «congelar» la percepción. Esto sucede cuando la conciencia comprende los reflejos insustanciales de Maljut, que crean barreras y obstrucciones entre los aspectos superior e inferior de Yesod. Esto «espesa» Yesod, bloqueando la integración de Daat en el «cuerpo» del árbol.

El travesaño de la *he* es una «ventana» a través de la cual pueden verse las manifestaciones. La letra *he* representa la visión en sí misma. Cada letra hebrea se corresponde con un símbolo cabalístico, y el que se atribuye a *he* es una ventana. Esta ventana no mira «hacia» o «desde», es el espacio cognitivo en sí mismo, la esencia de la Shejiná. Tener esto presente anulará la creencia en la división entre sujetos y objetos. Nos recuerda que debemos evitar el error de «agua-agua» de manera que la exposición ilimitada de variaciones visionarias pueda ser apreciada sin lastres. Los avances espirituales se logran cuando esta ventana es purificada y su cristal se aclara. El cultivo de dicha claridad es Daat, que significa «conocimiento» en un sentido místico. Cuando Yesod cede en sus tendencias obstructivas, Daat se extiende por las siete sefirot inferiores. Daat es la coalescencia primordial de la semilla del padre y el útero de la madre. Es el «rocío» del agua de Bereshit, que se transforma en los seis días, es decir, la *vav* que unifica las dos *he*. El séxtuple movimiento de la *vav* se denomina «hijo», del padre y de la madre. Los progenitores superiores también se denominan «el rey y la reina». Cuando el espacio aparicional de Maljut se iguala con el espacio básico de Biná, el «hijo» hereda el reino de sus padres. Esto abre el alcance de visión de las sefirot, y permite que cada acto de cognición muestre su pureza inherente. Esto se desarrolla en la siguiente cita del Zohar:

> «*Yud* y *he* se unen y producen un hijo. A través de Biná es BeN YaH. Esto es perfección; ambos emergen con el hijo entre ellos, una completa perfección». *(Idra Rabba)*

El nombre Biná se escribe *bet-yud-nun-he* (BYNH). Si reordenamos estas letras, podemos escribir BeN YaH, que significa «hijo de Yah». *Yah* es el Nombre Divino de Jojmá, el padre. El nombre se escribe *yud-he* (YH), hecho destacable, ya que estas dos letras aluden a Jojmá y Biná respectivamente. Esto indica la simultaneidad y la coemergencia de la semilla y el útero. Esta conexión oculta deja claro que Biná es madre del movimiento creador (hijo) e inseparable de su naturaleza esencial (padre). Sea lo que sea lo que manifieste a través de la ventana de la Shejiná, puede ser comprendido como «hijo de Yah», la extensión directa de la naturaleza sublime de la mente. Esto ilustra que el movimiento creador es sólo la extensión del dinamismo de Jojmá, y el espacio es irremediablemente central a todo ello.

El hijo manifiesta su movimiento a través de las tendencias expansiva y contractiva de la energía. Esto aparece representado en el diagrama de la Imagen Divina a través de las dos piernas de la *he* superior, que se extienden a ambos lados de la *vav*. La pierna derecha conecta directamente con el travesaño horizontal de la *he*, ilustrando una expansión continua e incesante. La pierna izquierda está desconectada, lo que ilustra los intervalos que diferencian las manifestaciones. La *yud* se unifica con el agua superior del diagrama, lo que ilustra la naturaleza esencial del YaM, el océano de conocimiento superior. Este océano es Biná, cuyo nombre evidencia la conexión entre el padre (YaH) y el hijo (BeN). Así, la energía creadora de los seis días es espacio básico en movimiento, que pone en juego su dinamismo primordial. A continuación, se abordará un análisis cabalístico de los seis días, pero antes, conviene observar la ilustración (figura 9) de la coronación del hijo (vav = 6) por la madre y el padre superiores que se incluye en el tratado alquímico *Philosophia Reformata* (Mylius, 1622).

Figura 9. Johann Daniel Mylus, *Philosophia Reformata*, 1622.

DÍA 1
«Elohim dijo: "Sea la luz"; y fue la luz». (Gen 1:3)

La luz del primer día se corresponde con la sefirá Jesed, cuyos atributos son el amor sin límite y la expansión energética. Dicha luz representa la energía en el sentido más general del término. Se extiende directamente sin interrupción desde el Ruaj Elohim hasta el «cuerpo» del árbol a través del movimiento de las seis sefirot de los cielos, que expresan sus atributos entre las aguas superiores e inferiores.

El movimiento de los cielos sugiere una importante pregunta: si las aguas superiores e inferiores son ambas aspectos del espacio básico, ¿dónde se halla el espacio entre ellas?, ¿dónde está el «lugar» en el que se mueve? Deberíamos tener siempre presente que el espacio no es «cualquier parte» en un sentido sustancial. La noción de «lugar» es sólo fruto de la medida en un sentido conceptual del término. El espacio en sí mismo es libre, más allá de cualquier lugar o tiempo. Sin embargo, desde un punto de vista diagramático, la luz de Jesed resplandece en la manifestación desde el Ruaj Elohim en la sefirá Daat. Este concepto provisional ayuda al intelecto a comprender los detalles precisos del proceso creador, pero su significado definitivo es siempre la unidad. El espacio y la luz, tanto «arriba» como «abajo», son igualmente el Ruaj Elohim, que es Daat viviente de la Shejiná.

Retomar la óptica de la unidad radical corrige la creencia equivocada de que los seis días literalmente emergen «desde» el Ruaj Elohim. No hay ningún lugar al que ir o desde el que partir. Ésta es la desventaja del pensamiento diagramático. El lenguaje y las representaciones visuales esotéricas nunca se deben tomar literalmente, y nunca debe asumirse su literalidad espacial. La luz primordial de Jojmá y la luz manifiesta de Jesed son profundamente diferentes en un sentido conceptual. Esquemáticamente, se ubican «antes» o «después» de la creación, que tiene lugar en Daat. La luz de Jojmá es inefable, y escapa a toda temporalidad; por lo tanto, ésta (o cualquier otra designación) no pueden aplicársele. Éste es el objeto de la siguiente cita extraída de un texto del siglo XIII de la escuela de Azriel de Gerona:

> «Jojmá primordial es la luz de la vida, pura y refinada como el oro, sellada en el resplandor de la esplendorosa expansión de lo exaltado, que es Ain (la nada). Carece de conceptualización». *(Contemplación – Los trece poderes)*

La luz de la sabiduría de Jojmá se revela en un sentido convencional a través de la luz de Jesed. Jesed extiende su potencialidad primordial pura en todas las manifestaciones. Es simplemente una derivación del poder de Jojmá. Su naturaleza común se describe en el Zohar:

> «"…y la Luz se hizo…". Ésta es una luz que ya existía. La luz es un misterio oculto, una expansión expandiéndose, estallando desde el misterioso secreto del oculto espacio luminoso supremo». (Zohar)

La energía de Jesed es pura compasión en acción. Jesed es compasivo por la sencilla razón de que es una muestra de la naturaleza Divina esencial. Desde la perspectiva gnóstica, cada aspecto de la creación es fundamentalmente compasivo, porque todo comparte su naturaleza común. Sin embargo, desde la perspectiva convencional humana, éste no es el caso. El sufrimiento, la pérdida y la muerte caracterizan la percepción ordinaria, incluso la naturaleza de estas cosas y todas sus cualidades son iguales en la naturaleza de Bereshit. Incluso la temible ira de la Divinidad es Sagrada. Éste es el aspecto más complejo de la paradoja: la compasión Divina no se atiene al gusto o al desagrado humano, a nuestro bienestar personal, ni siquiera a nuestra «vida» o nuestra «muerte». La compasión Divina no se puede comprender por completo por el intelecto racional. Así lo dijo rabí Nahmán:

«La creación al completo fue creada, desde el comienzo del atzilut y hasta el punto central del mundo físico, con el propósito de mostrar la compasión Divina». *(Likutey Moharan)*

La compasión a la que se refiere el rebe Nahmán incluye todos los aspectos ásperos de la vida, así como los agradables. La luz de Jesed no posee una forma específica. Se manifiesta indiferenciadamente y se convierte en todos los mundos, en todas las actividades. Jesed se asocia a la piedad y la bondad, pero el verdadero significado de esto tiene que ser entendido en un ámbito mayor que el que atañe al agrado o el desagrado de la psicología humana. La auténtica piedad no es sólo «conseguir lo que queremos». Jesed expande las variaciones de la vida, con independencia de lo que pudiera surgir de ellas. Esta expansividad conduce todo el movimiento; hace que las cosas «vayan». Es la extensión directa de Jojmá en la manifestación.

Jojmá y Jesed se sitúan esquemáticamente sobre y bajo el travesaño horizontal de la *he* superior, en la parte derecha. Esta distinción posee implicaciones monumentales. Los ocultamientos cognitivos surgen únicamente bajo el travesaño. La luz de Jesed manifiesta todos los pensamientos y sentimientos convencionales «entre las aguas». En contraste, la luz de la sabiduría de Jojmá trasciende la comprensión convencional, por lo que en algunos textos se la denomina luz «no manifestada».

La gnosis de Jojmá se debe alcanzar de forma directa. En cambio, la luz de Jesed se puede experimentar incluso cuando se encuentra distorsionada e irreconocible. Jesed es pura compasión, pero la luz de la manifestación a menudo revela una visión horrorosa. Esto produce confusión y lleva a la mayoría de las personas a vivir instaladas en la alienación y el temor. Las distorsiones de la mente bloquean el reconocimiento directo de Jojmá. Sin embargo, cuando se cultiva el conocimiento (entendido como gnosis), el brillo de Jesed se puede reconocer como la proyección del *continuum* de Jojmá, y todas las manifestaciones pasan a formar parte de ese *continuum*. Esto manifiesta la ilimitada compasión Divina. Cuando no se cultiva la gnosis, entonces la sabiduría parecerá irremediablemente perdida. La pérdida de contacto con la sabiduría superior es una característica definitoria del pensamiento y la percepción convencionales.

Una profunda fe en la bondad elemental de la manifestación puede dar lugar a que la chispa del conocimiento prenda a través de la fijación conceptual en forma de «intuiciones gnósticas». Incluso cuando se encuentre atrapado en el tsimtsum cosificado del día a día, uno puede intuir que la vastedad y la luminosidad son, de hecho, la auténtica naturaleza de todas las cosas. Esto se opone directamente a la tendencia que domina los hábitos de la mente ordinaria. Esto es lo que la literatura cabalística denomina «mitigación» de la influencia del tsimtsum. Cuando su influencia se relaja, Jesed emerge para invitar a la mente a seguirlo hacia la fuente del conocimiento puro. Esto abre la puerta a la naturaleza compasiva de la energía, y la compasión de Jesed permite vislumbrar Jojmá, pero son pocos los que pueden darse cuenta de esto en mitad de la ciénaga de reflejos que enturbian la mente ordinaria.

La estructura interna del versículo «Sea la luz; y fue la luz» revela un profundo conocimiento cabalístico. Sellada en esta frase se encuentra una poliédrica perspectiva de la estructura de la creación y su despliegue. En hebreo, leemos: *yehi aur v'yehi aur*. La sintaxis hebrea difiere de la española. Una traducción literal sería: *Yehi* (permite que sea aquí) *Aur* (luz), *V'Yehi* (y se hizo) *Aur* (luz).

A continuación se ofrecen los valores numéricos de las palabras y de las combinaciones de palabras del versículo, para poder proceder a su análisis siguiendo los procesos de la guematría.

1. La palabra *Yehi* (deja que sea) = 25
2. La palabra *Aur* (luz) = 207
3. Las palabras *Yehi Aur*, como sintagma (deja que sea luz) = 232
4. La palabra *V'Yehi* (y fue) = 31
5. La frase *Yehi Aur V'Yehi Aur* (deja que sea la luz, y fue la luz) = 470

La palabra *aur* (luz) aparece dos veces en este versículo. Esto alude a los dos aspectos de la luminosidad: Jojmá primordial y Jesed manifiesta. La palabra *yehi (yud-he-yud)* remite a lo mismo con sus dos *yud* a ambos lados de la *he*. La *he* representa la Shejiná, que es el «corazón» central del *continuum* de Jojmá y Jesed. La presencia de la *he* entre estas sefirot queda ilustrada gráficamente en el diagrama de la Imagen Divina, en el que el travesaño horizontal de la *he* superior se encuentra entre Jojmá y Jesed.

La palabra *yehi* sencillamente significa «fue». Las dos primeras letras de la palabra *(yud-he),* que aluden al Nombre Divino de Jojmá *(YaH),* indican la unión de la luminosidad y el espacio a través del padre y la madre. Éste es el conocimiento definitivo de toda apariencia. El verbo «ser», empleado aquí, no implica que algo haya surgido *ex nihilo,* sencillamente significa la posibilidad de hacerse presente. Si entendemos esto más allá de los extremos que constituyen «algo» y «nada» (extremos ontológicos), entonces hallamos solamente una posibilidad abierta y dinámica de actuación. Esto es la actuación del Ain Sof.

La secuencia *yud-he-yud* implica que la *yud* es igual en el inicio de la palabra que en su final, y la *he* no las cambia o las altera de ningún modo. Esto expresa la simultaneidad del principio y del fin. En mitad de continuas manifestaciones cambiantes, no hay nada esencial que cambie. No hay nada que cambiar, pero aun así, el cambio se produce. Ésta es la paradoja a partir de la que los seis días llegan a «ser». Sugiere que los cambios en las manifestaciones son *anulados* por el Ain Sof. No importa lo que aparezca, ya que sólo el Ain Sof permanece.

Anular una cosa genera la sensación de que puede existir separada del punto cero. El término empleado para referirse a esto en la cábala y el misticismo jasídico es *bitul* (anulación). Bitul significa que cualquier cosa que sea entendida como «algo», de ninguna manera puede ser comprendida como una existencia independiente o una realidad autónoma. Darse cuenta de que algo es bitul anula la afirmación de dicha cosa como real o irreal. El peligro que entraña el misticismo es que esforzándose en bitul, uno puede cosificar la nada. Y como se ha dicho en la introducción, tanto el ser como el no-ser pueden ser fijados como conceptos «sólidos». Bitul no implica el rechazo del mundo, sino que sostiene la paradoja intangible de la naturaleza Divina. Bitul busca purificar los hábitos cognitivos que alzan una barrera ante lo intangible, el conocimiento inmaterial. Distinguir la intensa vivacidad de las manifestaciones como bitul es el tema principal de Génesis 2 y 3, que se ocupan del Jardín del Edén.

El valor numérico de *yehi* es 25. Este número se produce como una reproducción de la Shejiná *(he* = 5) en el proceso creador. La luz de la creación surge cuando el espacio se expande a través de la «multiplicación». Biná y Maljut, juntas, irradian tensión, que multiplica «5 x 5». Esto resulta en luz «entre las aguas». El espacio y la luz coemergentes y simultáneos, son la *he* y la *yud*. Así, la luz de la creación es el resultado de su «autoimpregnación».

Una poderosa ecuación cabalística se encuentra encriptada en la guematría de la frase *yehi aur* (deja que sea luz), que es de 232. Expresa la completitud de autorreproducción espontánea de la Shejiná. Este número representa la culminación de toda la creación. Para comprenderlo es necesario conocer un poco de la teoría cabalística.

Cada letra de YHVH se puede deletrear como una palabra completa. Este proceso se conoce como expansión de la letra. Cuando se hace esto, el valor numérico de cada letra expandida se calcula a partir de una nueva guematría, que puede estar relacionada con otras palabras. Las letras *he* y *vav* se pueden deletrear de cuatro formas distintas. *He* también se puede deletrear como *he-yud*, *he-alef* o *he-he*. *Vav* también se puede deletrear como *vav-yud*, *vav-alef* o *vav-vav*. Hay cuatro posibles expansiones de YHVH, y cada una se corresponde con una dimensión de la manifestación, que es el mundo cabalístico contenido en cada una de sus letras. Las correspondencias pueden ser:

YVD HY VYV HY, valor numérico: 72 *(yud-*atzilut)
YVD HY VAV HY, valor numérico: 63 *(he-*briá)
YVD HA VAV HA, valor numérico: 45 *(vav-*yetzirá)
YVD HH VV HH, valor numérico: 52 *(he-*assiá)

Total = 232

El valor numérico total de las cuatro expresiones sumadas es 232, que coincide con el valor numérico de *yehi aur*. Esto tiene profundas implicaciones. Las cuatro expansiones representan la manera en la que la creación se contextualiza por completo. Cubre la complejidad del proceso creador en su totalidad. Equiparar toda la luz *(yehi aur* = 232) con la variedad de sus contextos (las cuatro expansiones = 232) es una increíble revelación de unidad. En el acto de manifestación nada se añade ni se sustrae entre la luz y los contextos de su espacio, lo que refleja la unidad primordial de la semilla y el útero.

Cabalísticamente, hay cinco mundos, el quinto de los cuales es Kéter. En las cuatro expansiones, Kéter está incluida en la letra *yud* como su punta, y no posee una forma expandida propia. Kéter no es un mundo distinto por sí misma, ya que es completamente bitul (anulado) por el Ain Sof. Aun así, incluyendo Kéter, éstos son los cinco aspectos y sus nombres:

0. Esencia prístina; Ain Sof; la punta de *yud*; Kéter.
1. Naturaleza luminosa; mundo de atzilut (72); yud; Jojmá.
2. Espacio axiomático; mundo de briá (63); la primera *he*; Biná.
3. Energía; mundo de yetzirá (45); *vav*; las seis sefirot intermedias.
4. Espacio aparicional; mundo de assiá (52); segunda *he*; Maljut.

En la narración del primer día, la palabra «luz» *(aur)* se menciona en cinco ocasiones. Como sabemos, éste es el número de la Shejiná *(he* = 5). También se corresponde con las cinco letras del nombre

Elohim (E-L-H-Y-M). Esto refuerza la noción de que la luz es una completitud que se expresa como una variación quíntuple de manifestaciones. Como ya se ha dicho, las implicaciones estructurales del número cinco articulan el alcance de la Shejiná en las principales áreas de la manifestación (los cinco mundos, los cinco aspectos de la mente, los cinco elementos, las cinco divisiones del árbol, los cinco sentidos). Este quíntuple alcance es la base de todas las estructuras creadoras, y será mencionado nuevamente en la descripción del segundo día.

Recordemos que la palabra hebrea para «luz», *aur*, tiene una guematría de 207. Esto la equipara con las palabras *Ain Sof* y *raz* (oculto o secreto, que es la disposición del Ain Sof) y hace evidente que el esplendor del movimiento creador y su base primordial secreta son esencialmente iguales. La guematría extiende esta equidad radical a todas las circunstancias que puedan llegar a desarrollarse en el tiempo. El movimiento se presenta ante la mente ordinaria como el paso del tiempo; sin embargo, el tiempo surge del hábito de la mente. Como ya se ha explicado, el tiempo, como hábito mental, se produce con la construcción de puntos de referencia temporales que articulan un orden conceptual. La luz es aquello que se mueve, por lo tanto, la contemplación de las bases trascendentes de la luz anulan la idea de que el tiempo y las ataduras temporales posean existencias independientes. Esto fue elucidado por el maestro jasídico Menajem Nahum de Chernobyl:

> «Pasado, presente y futuro son una unidad. Aquello que será en el futuro, lo fue ya en el pasado, antes de la creación». (*Luz de los ojos*)

La sección «Idra Rabba», del Zohar, ofrece también una valiosa perspectiva sobre la esencialidad primordial de la luz más allá del tiempo:

> «Todo es en el presente, todo es en el pasado y todo es en el futuro. En tanto que no habrá cambio, no hubo cambio ni hay cambio». («Idra Rabba»)

Cuando se suma el valor de la oración *yehi aur v'yehi aur*, el resultado es 470. Ésta es la guematría de la palabra *Tanaj*, el nombre de la Biblia hebrea. Esta extraordinaria guematría revela que en el interior del *continuum* de luz, se encuentra la sabiduría completa de la Biblia. Cualquiera que entienda la Biblia como una representación de la sabiduría comprenderá esta guematría. Para aquellos que no realicen un acercamiento absoluto a las escrituras, todo lo que podemos hacer es maravillarlos con sus intrincadas interconexiones que, ciertamente, no se deben a la coincidencia.

La guematría de la palabra *v'yehi* (y fue) es 31. Esta guematría coincide con la del Nombre Divino *Al* (alef-lamed, pronunciado «EL»), que corresponde a Jesed. Esto relaciona de forma directa el despliegue de la luz hacia el «ser» con la expansiva y compasiva emanación de la energía.

Existe una adaptación esotérica de la letra *he* que ilustra la amplitud de la Divinidad de Jesed. Para poder comprenderla, debemos tener claras algunas nociones sobre la pronunciación del hebreo. Las letras hebreas, por sí mismas, ofrecen únicamente sonidos consonánticos. Los sonidos vocálicos son indicados a través de pequeños puntos y guiones que poseen correspondencias sefiróticas. Esto significa que la pronunciación de una palabra revela correspondencias sefiróticas internas, a través de cómo la traemos a la existencia a través del habla.

En el *Tikkuney Zohar*, se describe una *he* que ilustra la simultaneidad de la luz superior y la luz manifiesta. Esto se hace expresando la frontera común entre ambas, es decir, la naturaleza de la luz. La naturaleza de la luz es compasión dinámica, o Jesed puro. La sefirá de Jesed manifiesta este atributo absoluto, pero la luz primordial de yud contiene un aspecto superior «secreto» de Jesed, que no es manifestado. Este atributo es una piedad que trasciende la comprensión humana. Este tema ha sido siempre uno de los grandes misterios que han movido a reflexión a los teólogos.

La vocal *segol* corresponde a Jesed. La *he* del *Tikkuney Zohar* coloca esta vocal dos veces en la letra, una bajo el carácter y otra sobre su travesaño horizontal (figura 10).

Figura 10

Los seis días manifiestan compasión en el aspecto de «abajo», pero esencialmente son iguales a la fuente primordial de toda la compasión situada «arriba». Esto se ilustra a través de la letra *he* porque la Shejiná es el corazón central de ambos aspectos, lo que posee una profunda relevancia en relación con el diagrama de la Imagen Divina. Sugiere un mismo significado para la palabra *yehi*, que es esencialmente igual «antes» y «después» de la creación, y Shejiná, que presenta equidad en todo aquello que es manifestado.

La oración completa *Yehi aur v'yehi aur* se puede disponer verticalmente, de forma parecida al diagrama de la Imagen Divina. El renglón se divide en dos partes, incluyendo en ambas las palabras *yehi aur*. Gráficamente, la palabra *yehi* se coloca verticalmente, con sus dos *yud* sobre y bajo el travesaño de su *he*. La palabra *aur* se coloca horizontalmente en la parte inferior.

Figura 11

Las *yud* reflejan los aspectos potencial y manifiesto de la luz. Puesto que el aspecto manifiesto revela luz, la palabra *aur* se coloca horizontalmente bajo la letra.

Cuando esta configuración de *yehi aur* se dispone como una oración conjunta, se dobla. Esto ilustra el completo alcance de los aspectos primordial y manifiesto de la iluminación. Debe apreciarse que cada *yehi aur* revela este proceso como un microcosmos. Éste es también el caso de las *he* de YHVH, que presentan la equidad de la creatividad de la Shejiná, a pesar de que se disponen de acuerdo al contexto.

Entre los dos *yehi aur* hay una *vav*. En hebreo, la letra *vav* indica la conjunción «y» («… y la luz fue»). La *vav* conecta las dos secciones de la misma forma que las seis sefirot del cielo (*vav* = 6) conectan las aguas superiores e inferiores.

En esta figura, los travesaños horizontales de las *he* funcionan exactamente igual que en el diagrama de la Imagen Divina. Así, la luz primordial se extiende como luz manifiesta a través de la *vav*, completando el YHVH general. Esto representa de forma exacta el cianotipo de la creación que se expone en el primer capítulo del Génesis. De esta forma, esta configuración representa la completitud y la equidad entre las dimensiones «superior» e «inferior» *(véase* figura 12).

Figura 12

Otro elemento gráfico se añade para representar la naturaleza reflectante creadora de Elohim. A ambos lados de la *he* superior tenemos las sílabas «EL» y «YaM», que forman el nombre Elohim a partir de la *he*. Gráficamente, convierte el *yehi aur* inferior en un reflejo o un eco de la creatividad básica de Elohim. La *vav* representa el movimiento reflexivo «entre las aguas», que es el movimiento perceptual en el que los patrones de la fijación cognitiva se forman. Cuando se comprende y se interioriza el error común de «agua-agua», el movimiento reflexivo de la *vav* es bitul contraído. Entonces, la *vav* revela la compasión primordial a través de la luz del primer día, que extiende el corazón de la Shejiná a todas sus manifestaciones sin crear obstrucción ni distorsión. Así, a través de la *vav* perfeccionada, la Shejiná se convierte en un «espejo perfecto» que trasciende la causa y el efecto.

Además de transmitir un reflejo desde «alguna parte» hacia «alguna otra parte», su sabiduría reflectante expresa simultaneidad pura. No es meramente «reflectante», sino que, de hecho, es el propio espejo, como se indica en esta cita recurrente:

> «Su final se encuentra en su principio y su principio en su final, como una llama en un pedazo de carbón ardiente».
> *(Sefer Yetzirá)*

La fijación de cualquier concepto, incluso del concepto de una sefirá, es como «la esclavitud en Egipto». De la misma forma, la mente puede fácilmente ser sometida a una definición conceptual concreta de dios. Intentar comprender lo absoluto, o cualquier otro precepto metafísico, puede transformar la sublime e intangible esencia Divina en un ídolo, dando lugar a la mayor forma de *idolatría*. Idolatría significa colocar nuestra fe en algo que es limitado y no libre. Los conceptos son siempre limitados, incluso el concepto de dios y de las sefirot. La única forma de escapar de esto es realizar una inmersión en la apertura sin tener en cuenta los conceptos de realidad o irrealidad. La única forma de escapar a esta forma de idolatría es ir *más allá de dios.*

La siguiente cita del siglo XIII nos advierte sobre la fijación de las sefirot como «poderes» separados, y urge al místico a unirse únicamente al Ain Sof:

> «Sé cauto en la contemplación para no "cortar los tallos", pensando en una sefirá o en otra. En lugar de esto, tu pensamiento debe estar continuamente unificado con el Ain Sof, y desde ahí, podrás extender y recoger la rama de tu pensamiento hacia el aspecto de YHVH sobre el que estés meditando. La raíz de tu meditación debe estar continuamente vinculada y unificada con todo aquello que forma el Ain Sof. Como una llama está vinculada a un carbón ardiente, y las uvas a la parra, así las 10 sefirot deben estar unidas en la mente desde el Ain Sof hacia el Ain Sof». *(Isaac el Ciego)*

El sintagma «del Ain Sof hacia el Ain Sof» alude directamente al «antes» y «después» de la creación. Bereshit es una simple unidad arriba y abajo. Las sefirot pueden convertirse en prisiones en las que la mente quede atrapada en las fijaciones de sus atributos, quedando perdido este conocimiento. Cada sefirá, como todas las manifestaciones, es sólo una expresión de la maravilla y la majestad del Ain Sof. Los únicos atributos o cualidades que alzan barreras son aquellos que construye la mente.

La figura 13 ilustra cómo las sefirot son proyecciones del travesaño horizontal de la *he,* que se reproducen en una jerarquía de diez tsimtsumim. La sabiduría comunicada aquí es la comprensión de que las dos *he* forman una unidad reflectante inseparable, y sólo los reflejos intangibles de la mente caben entre ellas. Esto es lo que se encuentra encriptado en la palabra *yehi:* la *yud* primordial es igual «arriba» y «abajo» que las manifestaciones que parecen dividirla.

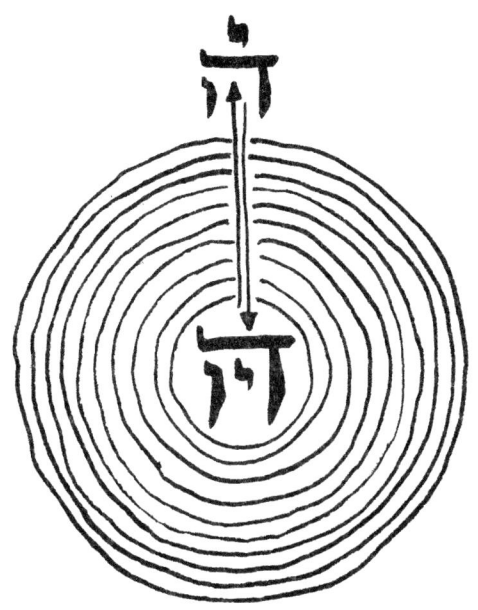

Figura 13

DÍA 2

«(1:6) Elohim dijo: "Haya espacio en mitad de las aguas, y divida las aguas y las aguas". (1:7) Elohim creó el espacio, y dividió las aguas que estaban debajo del espacio, de las aguas que estaban sobre el espacio. Y así fue». (Gen 1:6-7)

El segundo día corresponde a la sefirá Gevurá. Sus atributos son el asombro y el juicio, y su propiedad energética es la *contracción*. El movimiento contractivo sitúa la energía en los márgenes del espacio aparicional. Esto hace entrar en juego el tsimtsum, que crea intervalos en la luz de Jesed. A medida que estos intervalos se vuelven más y más complejos, todos los patrones específicos que articulan los detalles de la creación se vuelven aparentes. Los intervalos que surgen en el interior de la energía son los pilares de lo que se entiende como «realidad» por los seres con sentido identitario.

El intervalo más relevante es la «separación de las aguas». Ésta es la base de todas las ilusiones aparentes, sobre las que el rabí Akiva alertaba a aquellos que quisieran entrar en un estado místico de no afirmar «agua-agua» *(véase* figura 7; *véase* cómo los nombres Elohim y Adonai indican los aspectos superior e inferior de las aguas). Fijar una serie de intervalos hace posible que surja en la mente la ilusión de la «tangibilidad». Las percepciones y las ideas son sólo aceptadas como reales o irreales porque una impresión concreta se percibe y se comprende.

Gevurá provee el contexto que modela este proceso. El poder de Gevurá define continuamente las manifestaciones a través de una constante sucesión de reflejos que parecen dividir y fragmentar. Para la percepción ordinaria, esto conduce directamente a la creencia en un sujeto y en un objeto, extensible a todos los fenómenos, reduciendo el papel de la luminosidad y el espacio a la opaca apariencia de «substancia». Este poder se denomina «juicio severo» en la literatura cabalística. Mitigar esta energía divisiva en la raíz de la percepción es el objeto central del crecimiento espiritual humano.

Gevurá manifiesta la paradoja de la Shejiná, que es la tensión fundamental entre la completitud y la multiplicidad. Ésta es la tensión que da forma a la percepción. La meditación cabalística y la contemplación purifican esta tensión de manera que pueda expresar la luz de Bereshit en lugar de servir a los artificios y deseos del ego. Esto no quiere decir que Gevurá sea únicamente energía distorsionada. Como todos los aspectos de la creación, su naturaleza es sabiduría intangible. La potencia de Gevurá refleja un hábito cognitivo. Se impone a cualquier tendencia. Sirve para articular la actuación intangible de las apariciones visibles o para manifestar un interminable laberinto de ilusiones. Gevurá refuerza aquello que necesite la condición de la mente. Puede expresar la fortaleza de una conciencia reflectante o la debilidad de un animal enjaulado.

Gevurá es inherente al poder de elección, que se encuentra implícito en la creatividad humana. Cuando se aplica de forma clara y decisiva, la fuerza de Gevurá se transforma en la energía de la disciplina. Esto se emplea en cualquier camino que se tome y se recorra con convicción. Nos conduce al conocimiento del discernimiento, que nos puede permitir diferenciar lo verdaderamente significativo de lo superficial. Éstos son los senderos que conducen hacia los estados de *gadlut* (mente expansiva) y *katnut* (mente constreñida), que son los dos «frutos» de los árboles del Jardín del Edén.

Existe un acuerdo general, tácito, entre los seres humanos que se pone de manifiesto en el lenguaje: las distintas formas de comunicación refuerzan una serie de presupuestos comunes basados en la llamada estructura objetiva de la realidad. La mayor parte de las personas no se lo cuestionan, y así se perpetúan hábitos convencionales que son continuamente reforzados por la interacción social normativa. Cuando los seres humanos, consciente o inconscientemente, participan de los hábitos generales dualistas que ocultan la vasta equidad del espacio, entonces, la gnosis es literalmente imposible. Sin embargo, la Shejiná permanece inmaculada e inalterada. La Shejiná posee la libertad tanto de oscurecer como de expresar su naturaleza sublime.

El edicto del rabí Akiva de no decir «agua-agua» está directamente relacionado con la mitigación del rigor divisivo de Gevurá. No aceptar o no «decir» internamente falsedades es el primer paso para superarlo. Antes de que la mente pueda cambiar, deben comprenderse sus errores. Esto es increíblemente difícil, porque contradice lo que los sentidos físicos le han dicho a la mente desde el nacimiento. Así lo explica el rebe Nahmán:

> «Agua-agua es el aspecto de la falsedad, es decir, el aspecto de las lágrimas, del agua salada. Cuando una persona bebe agua salada no sólo no sacia su sed, sino que la incrementa. Entonces, tiene que beber otra agua para poder apagar su sed. Por este motivo, la falsedad es referida como agua-agua».
> *(Likutey Moharan)*

Los hábitos cognitivos son muy fuertes y se autoperpetúan por naturaleza. El momentum del hábito se forma en el interior del dinamismo esencial de la mente, que es la fuerza más poderosa del universo. Incrementamos nuestra dualidad cuando lo que bebemos es «agua salada». Esto sólo perpetúa el sufrimiento y causa las «lágrimas» de las que habla el rabí Nahmán. Esto se desarrollará posteriormente, en el Jardín del Edén, cuando Eva coma el fruto del «Árbol de la Dualidad» (del Bien y del Mal).

La función de Gevurá es el poder inferior lo que los religionarios llaman «mal». El concepto de mal es sólo aquello que engaña a la mente. Es decir, la opresiva creencia en la separación, que perpetúa el momentum del hábito de la dualidad. La fe contrarresta esta tendencia recordando que la prisión de las apariencias dualistas se crea a partir del mismo espacio luminoso que la infinita dicha de la gnosis. De esta forma, la fe anula los juicios severos de Gevurá.

No existe un reino del «bien» para combatir un reino del «mal». El mito de los universos paralelos de la luz y la oscuridad es simplemente una proyección de nuestras tendencias dualistas. Los intervalos aparentemente separados que surgen en la unidad no son inherentemente problemáticos, sólo lo es la creencia en la autenticidad de sus apariencias superficiales. Basar la fe en la división da como resultado un mundo roto. Si se tiene fe en la completitud del Ain Sof, entonces no importa cuántas impresiones vengan o vayan; la vasta expansión fecunda siempre estará presente en la mente.

La *he* es una sola letra, pero incluye la forma gráfica «separada» de su pierna izquierda, como se ha comentado anteriormente. Su unidad es completa, a pesar de que parezca estar dividida. La pierna izquierda segmentada de la *he* representa Gevurá y su capacidad para generar intervalos. Esto es una profunda metáfora de cómo la Shejiná genera infinitas manifestaciones. En un sentido más profundo, la fragmentación gráfica de la pierna izquierda de la *he* representa la verdadera naturaleza del tsimtsum, que es la variación del conocimiento intangible.

La separación de la pierna izquierda de la *he* es análoga a la aparente división de las *he* de YHVH. La ilusión de la división «entre las aguas» es la base de la formación de los cielos. En el espacio de los cielos se forman los hábitos de la mente. Así, la pierna segmentada simboliza el potencial del engaño cognitivo, la tendencia al «agua-agua», que producen las «lágrimas» de sufrimiento dualistas. Este error fundamental permite que los conceptos de lugares, objetos y sucesos dominen la mente. La fe en la sabiduría inmaterial de la Shejiná obra la reparación y permite que la *vav* entre las *he* sea una energía unificadora en lugar de divisora. Esto sucede cuando se atenúan los juicios severos de Gevurá.

El término hebreo para referirse al hueco entre las aguas es *rakia*. Esta palabra se traduce habitualmente como «firmamento», «dosel» o «extensión». Estos términos denotan una imaginería espacial tridimensional e implican un sentido de «ubicación», que evitaremos utilizando la palabra «espacio». El espacio es contextual por naturaleza, por lo que es la identidad raíz de todos los intervalos. Por eso, el versículo 1:6 se traduce como: «Haya espacio en mitad de las aguas».

En la narración del primer día, la palabra *aur* se usa cinco veces. Esto expresa que la naturaleza de toda la luz manifestada es la Shejiná *(he* = 5). Una enumeración similar se produce en el segundo día, cuando la palabra *rakia* se menciona cinco veces, como la palabra *mayim* (agua). Este par de cinco menciones sugiere las «dos manos» (5 dedos en cada mano = 10, 2 manos = *yud*) del *Sefer Yetzirá* que hemos citado anteriormente. La luz del primer día era una expresión simple y directa de la Shejiná. El segundo día nos presenta la Shejiná a partir de contrastes manifestados.

Las cinco menciones de las palabras *mayim* y *rakia* remiten a la relación entre el movimiento fluido de la energía *(mayim*/agua) y los intervalos contextualizadores de espacio (*rakia*) que parecen «contenerla». La imagen que sugiere es la del agua sirviéndose en vasijas. Las vasijas son los contextos que surgen a través del tsimtsum. Así, la narración describe lo que los intervalos del segundo día hacen con la sencilla luz del primero.

En la cábala técnica, la relación entre estos elementos se describe en términos de género empleando la expresión «luces y vasijas». Generalmente, la palabra «luz» designa a la fuerza vital esencial de una cosa (su «agua»), y el término «vasija» se refiere a los intervalos de espacio que la contextualizan (el aspecto de *rakia*). Ésta es la forma cabalística más habitual de explicar cómo funciona la polaridad interactiva, particularmente, en la literatura luriánica. A continuación mostramos el fragmento del Génesis marcando en cursiva estos elementos:

> «(1:6) Elohim: "Haya *espacio* en medio de las *aguas*, y separe las *aguas* de las *aguas*. (1:7) Elohim creó el *espacio*, y separó las aguas que estaban debajo del *espacio*, de las *aguas* que estaban sobre el *espacio*". Y así fue. (1:8) Elohim llamó al *espacio* "cielos"». (Gen 1:6-8).

En un sentido convencional, la luz es *lo que conoce* y su vasija contextualizadora define *lo que es conocido*. En circunstancias normales, el tsimtsum impone límites que hace que las manifestaciones se vuelvan sordas, opacas e impenetrables. Resulta frustrante su persistencia cuando se intenta cultivar una visión más expansiva. La percepción se vuelve pesada y áspera, una fachada sin brillo de fijación ordinaria que lo cubre todo. Esto se manifiesta a través de la interacción polar de «las luces y las vasijas», que permiten a la vasta expansión del espacio luminoso asumir el papel de *barrera* mental, precisamente lo opuesto de lo que realmente es. Así lo explicó el primer rebe de Jabad Lubavitch:

> «El concepto del tsimtsum y la ocultación corresponde a las "vasijas", mientras que la fuerza vital corresponde a la "luz". Así como una vasija contiene algo en su interior, el tsimtsum cubre y contiene la luz que es transmitida. Estas vasijas son

las letras del alfabeto hebreo». *(Taniá. Shaar HaYijud VeHaEmuná)*

Lo milagroso es que los seres humanos todavía sean capaces de intuir, aunque sea levemente, el brillo de la vasta luminosidad. Es una chispa que se produce en momentos de intensa alegría o auténtica relajación. Desgraciadamente, estos raros destellos desaparecen tan pronto como las fijaciones habituales se reafirman, algo que suele suceder de inmediato.

Cultivar la compasión, que es la luz expansiva de Jesed, puede mitigar la fuerza constrictiva de Gevurá. Esto anula el conflicto entre «luz y vasija» y restaura la unidad. Ambas, luz y vasija, se desprenden de la ilusión de ser entidades independientes, y se transforman en bitul a su naturaleza real. En la literatura cabalística, se dice que se ha roto la influencia restrictiva, y que las «chispas» de luminosidad contenidas en las «cáscaras» de la constricción del tsimtsum son liberadas.

Cuando una vasija logra oscurecer la luz, se denomina *klipá* o «cáscara dura». Estas barreras se alzan en un contexto físico, emocional, intelectual o espiritual. Las *Klipot* son sinónimo de las fuerzas del «mal» y, por lo tanto, de la división. Son siempre producto de los hábitos perceptivos. Surgen de un desequilibrio de Gevurá cuando el espacio manifestacional se vincula a una actitud de «combate existencial». Capas y capas de *klipot* definen la cognición ordinaria. La purificación espiritual consiste en huir de estas restricciones. Romper el hábito de considerar impenetrables las manifestaciones es enormemente difícil. Y forzar el asunto no aporta nada. Sólo nos liberamos de las klipot cuando la mente se relaja hacia el amor espacioso de la Shejiná, retornando al expansivo Jesed que es innato al espacio. Más que ningún ejercicio intelectual, aquello que libera las chispas encerradas en las klipot es la simple devoción hacia el todo, más allá de los extremos convencionales.

La última frase de la cita del *Taniá* habla de las letras del alfabeto hebreo como «vasijas sagradas». Una vasija sagrada es un aspecto necesario de la creación que expresa la paradoja de la Shejiná. Las letras diferencian y adaptan diferencias creativas para mostrar las variaciones del discurso. El habla es la metáfora cabalística definitiva sobre el proceso creativo. Así, las letras que constituyen el habla representan cómo se gestiona la tensión básica entre la unidad y la diversidad. Esto requiere la especificidad de los intervalos, expresados por las letras. A través de sus variaciones, surgen las infinitas manifestaciones de las cuatro letras.

Por supuesto, es la completitud del Ain Sof la que «habla». Como Shejiná (la manifestación del fenómeno), el Ain Sof es el hablante y el discurso. Esta unidad mana directamente a través de la mente humana. A través de la devoción, el habla Divina y el rezo humano pueden converger y ser bitul el uno para el otro. Cuando esto sucede, las chispas contenidas en las manifestaciones son liberadas y puede lograrse una significativa reversión de las klipot. Éste es el objetivo subyacente a los rezos jasídicos, que se articulan de acuerdo a lo expuesto por el maestro jasídico el rabí Zacarías de Yereslav:

> «Cuando rezas, debes tener en mente todas las letras con las que el cielo y la tierra fueron creados. Si lo haces, todos los mundos se integrarán en tu plegaria, alzando las letras, que son la fuerza vital de toda la creación. Entonces, todas las cosas en el cielo y la tierra formarán parte de tu oración».
> *(Darkey Tzedek)*

Cuando los cabalistas hablan de este proceso, es aplicable a cualquier aspecto posible de conocimiento que implique un trabajo espiritual, y no únicamente al rezo verbal en un sentido físico. La expresión irrefrenable del fuego de la Shejiná hace todas las vasijas bitul a su luz, y todas las palabras bitul al silencio esencial en el que son pronunciadas. La luz del Ain Sof llena y envuelve todos los constructos, y es inherente a todo el espacio. La cita anterior sugiere que deberíamos apreciar la Shejiná sencillamente como el sustrato de todo lo que sucede. Debemos recordar esto cuando nos enfrentemos a situaciones que parezcan bloquear o contraer nuestra mente. El amor puede resplandecer con tanta fuerza que su brillo puede anular esas barreras y desprender una luminosidad que trasciende la comprensión. Este proceso no pertenece en absoluto a la esfera del intelecto, sino que consiste en intensidad pura. Esta intensidad se puede cultivar a través de métodos como el rezo (derecha), la contemplación (izquierda) o la pura estabilidad meditativa (centro). La fe en esto se basa en la creencia en las palabras de los tzaddikim, así como en la siguiente cita del rebe Nahmán:

> «La luz de las llamas del corazón llega hasta el Ain Sof». *(Likutey Moharan)*

Para bien o para mal, Gevurá impone preceptos creativos, cualesquiera que sean. Pone en movimiento el fuego de Biná. Este fuego puede tomar la forma de un amor sublime o de una completa devastación. La unidad de la Shejiná es como el cálido amor de una madre. Trasciende cualquier frontera. Es la sensación interior que nos hace sentir rodeados de amor. Esto puede resultar totalmente abrumador. Cuando la omnipresencia de la Shejiná coincide con la devoción, se anulan mutuamente. De esta manera, la devoción puede liberar el movimiento de la mente de las barreras de la klipá, que definen su estado de constricción. Esto es la vida como rezo, entendido como una forma de vida y no como una metáfora obtusa.

Cada chispa encerrada es un aspecto del todo que no posee una existencia independiente. Es una oportunidad para regresar a la unidad primordial. Si nos acercamos desde esta perspectiva a la fuerza de Gevurá, entonces puede convertirse en una guía que endulzará todos los fenómenos. Esto significa que todo aquello que aparezca estructuralmente en el mundo puede ser entendido como la actuación del Jesed de la Shejiná. Esto eleva Gevurá a Biná, que es la fuente ilimitada de todo Jesed y de la luz del primer día. Así lo expresó el rebe Nahmán:

> «El método para ahuyentar las fuerzas externas (klipot) es dibujar las gevurot desde la raíz de Biná hasta las rodillas». *(Likutey Moharan)*

Las «rodillas» representan las funciones interactivas del análisis mental y la toma de decisiones, que «conducen» nuestra atención. Se corresponden con las sefirot Hod y Netzaj. Estos componentes conducen a la mente a realizar elecciones que pueden cambiar su punto de vista, y así, tomar nuevos rumbos. La purificación del espacio aparicional comienza con la intención contenida en las «rodillas». Lo que los grandes tzaddikim lograron comenzó con el simple deseo de crecer. En esencia, no son diferentes a nosotros. Simplemente hicieron su trabajo. El mensaje de Baal Shem Tov puede ser resumido por las palabras de su bisnieto, el rebe Nahmán: «Todas las personas pueden ser tzaddikim como yo». Sin embargo, implica tantos años de práctica espiritual abnegada y dolorosa que muy pocos son capaces de soportarlo.

DÍA 3

El tercer día representa la sefirá de Tiféret, cuyos atributos son la belleza y el equilibrio armónico. Tiféret expresa la cohesión de la energía, como un espectro continuo que integra las tendencias expansivas de Jesed y las contractivas de Gevurá. Tiféret refleja la completitud del movimiento creador, y es la sefirá que simboliza la dimensión completa de los «cielos». El Zohar dice:

> «Luz en el lado derecho, y oscuridad en el izquierdo. ¿Qué hizo el Santo? Las combinó y creó los cielos a partir de ellas. ¿Qué hay en los cielos? Fuego y agua. Él los combinó e hizo la paz entre ambos. Cuando fueron unidos, se extendieron como una cortina. Él los extendió e hizo la letra *vav*». (Zohar)

La palabra hebrea para «cielos» es *shemayim*, escrita *shin-mem-yud-mem*. Podemos deconstruir la palabra para ilustrar el equilibrio entre el fuego y el agua, los elementos primarios de la manifestación. La letra *shin* representa el fuego de la Shejiná, que se consume a sí mismo, y las letras *mem-yud-mem* deletrean el nombre de la propia letra *mem*, que simboliza el agua. Así, podemos leer la palabra como «fuego-agua», de manera que expresa la unidad del agua de la derecha con el fuego de la izquierda. La cita del Zohar indica que el fuego y el agua son unificados por la armonía o la «paz», que se «descorre como una cortina». Esto sugiere que el *continuum* de energía creativa es completamente dominante y no posee límites, igual que todo el espacio.

Tiféret es el punto central de las seis sefirot intermedias y se considera su «corazón», por lo que corresponde a la *vav* de YHVH. De hecho, en el diagrama de la Imagen Divina, Tiféret es la única sefirá que toca la *vav*. Esta evidencia esquemática refuerza su rol como mediador del equilibrio entre las seis sefirot. Esto también se pone de manifiesto a través del valor numérico de *vav (vav* = 6), que es igual que el de Tiféret (la sexta sefirá).

En el árbol, Tiféret marca el punto intermedio entre Kéter y Maljut. El movimiento energético, a menudo, se describe como una oscilación bidireccional entre esos dos vectores: «desciende» desde arriba hacia abajo y «asciende» desde abajo hacia arriba. Así es como se representa el movimiento energético desde la perspectiva del pensamiento humano. Se manifiesta como nacimiento y se disuelve con la muerte, de forma cíclica. Todos los constructos mentales cumplen este ciclo. Los fenómenos de la mente aparecen y luego se disuelven. Éste es el juego aparicional del Ain Sof.

El «descenso» a la manifestación sitúa el conocimiento en el ámbito de la percepción. En los textos herméticos, esto se considera como la dirección «involutiva» de la energía. Muestra y presenta las manifestaciones. El «ascenso» sería su contrapartida «evolutiva». Representa la capacidad de la mente para superar sus limitaciones y crecer en dirección a su naturaleza primordial. Es evidente que estos términos reflejan una concepción dualista, pero permiten describir acertadamente cómo suele percibirse el movimiento. Los textos cabalísticos se refieren a esta actividad como correr y regresar, a partir de una frase tomada del primer capítulo del libro de Ezequiel, que describe la *merkavá*, o el carro del ascenso místico.

En la mayoría de los casos, la mente está sepultada bajo capas y capas de constricciones y limitaciones. Cuando una de estas barreras se rompe, la mente puede «correr» hacia un territorio más amplio hasta que encuentre una nueva barrera. Entonces, se instalará en el territorio que acaba de descubrir y «volverá» a estabilizarse, hasta que vuelva a correr. Gracias a un arduo esfuerzo la mente puede correr y crecer más y más. Y la profundidad del «regreso» es exponencial a lo que haya corrido. A través de este intercambio, la percepción puede ser conducida a territorios más sutiles, y puede trascender las constricciones a las que está habituada. Finalmente, la carrera y el regreso se desarrollan en la vastedad silenciosa del espacio. Ésta es la base del «habla» de la mente, como se explicita en la siguiente cita:

> «Diez sefirot de nada: priva a tu boca de hablar y a tu corazón de pensar. Si tu corazón corre, regresa al lugar, como está escrito: "Los *jayot* corren y regresan". Recuerda que así fue establecido en el pacto». *(Sefer Yetzirá)*

Correr y regresar tienen lugar «entre las aguas», en lo que el Zohar llama «los seis pasos». Esto traza el espacio entre los aspectos superiores e inferiores de la Shejiná, donde se forman los atributos de la energía. Está escrito:

> «Está escrito: "seis pasos hacia el trono". Seis para el trono superior y seis para el trono inferior». *(Zohar Hadash)*

El número seis articula la espacialización del movimiento, que es cómo la cognición convencional se orienta. Seis direcciones (arriba, abajo, delante, detrás, izquierda, derecha) articulan cómo el movimiento se extiende a partir de un punto central. Cada dirección es un vector a través del que es posible que el movimiento oscilante avance y regrese. Este séxtuple movimiento crea seis contextos espaciales, que ilustran la interdependencia entre el movimiento y el espacio. El movimiento no puede moverse sin un espacio que lo contextualice. Convencionalmente, esto describe «dónde» va el movimiento. En un nivel más profundo, revela que la Shejiná es la base omnipresente de todo movimiento. El nombre de *Biná* revela la equidad entre el espacio básico y el movimiento (BeN YaH = el séxtuple hijo de Yah).

La Shejiná es la presencia esencial que irradia el movimiento séxtuple. Es también el espacio que lo rodea y en el que fluyen las seis direcciones. Es la unidad del océano de agua (YaM) en el que ambos fluyen y aceptan el fluir. Así, la Shejiná es el «corazón inclusivo» de los fenómenos. Como se ha mencionado anteriormente, Tiféret también se considera el «corazón» de los cielos. No existe una contradicción en esto. La Shejiná derrama el movimiento creador sin que éste abandone su vastedad. La Shejiná es la «presencia del corazón» de Tiféret. La Shejiná manifiesta la omnipresencia de Kéter, que está en todas partes pero que no puede ser contenida en ninguna parte, como los rabinos del Talmud enseñaron a los sabios atenienses. El Zohar dice:

> «(Desde Bereshit) los seis grandes misterios superiores son formados desde donde todo deriva. Desde ellos, seis fuentes y cauces son creados de forma que deben fluir hacia un gran mar. Éste es el significado de BaRA ShYT (seis son creados)». (Zohar)

El hecho de que la palabra *Bereshit* pueda ser leída como «seis son creados» nos ofrece una clave importante para comprender lo que realmente es el movimiento perceptual. Conectar Bereshit con las «seis fuentes» revela que la direccionalidad sólo extiende la naturaleza del dinamismo básico de la mente. Únicamente la «Fuente de la Sabiduría» permite que la gnosis se alce en el interior del acto cognitivo. Una vez que esto sucede, ya no puede ser revertido por ninguna apariencia o coordinada direccional.

No importa cómo haya sido contextualizada, la energía siempre «corre y regresa». Huelga tener presente la forma de oleaje a través de la que se expresa la energía. Las frecuencias de energía se forman por una oscilación entre tendencias polares. La energía es el *continuum* de Tiféret, pero sus intervalos surgen a través de la interacción serpentina entre Jesed (positivo) y Gevurá (negativo). La tensión que se establece entre estos polos determina cómo son «sintonizados» sus atributos, sin importar su contexto (por ejemplo: color, sonido, pensamiento, emoción, etc.). Estas oscilaciones forman el cuerpo ondulante de la serpiente, que no es otra cosa que la tensión básica inherente a la expresión energética. Deberemos recordarlo cuando la serpiente aparezca en el Edén, en el tercer capítulo del Génesis.

La relación entre la energía y el espacio se suele comparar con el matrimonio. Las seis sefirot se denominan *Zer Anpin*, lo que alude a la condición de «marido». La novia es Maljut, referida como su *Nukva*. La relación entre ellas incluye distintos grados de madurez. En su estado de completa madurez, la pareja se describe como un vínculo inseparable formado a través de la unión sexual reproductiva llamada *zivug*. Un zivug maduro representa a la perfección la unión primordial entre Jojmá y Biná (la unión de la luminosidad y el espacio básico, del padre y la madre). Esta unión superior debe producirse en el interior del gozo entre Zer Anpin o Nukva o no se alcanzará. En un estado de inmadurez, la pareja se relaciona únicamente en distintos grados. Textos cabalísticos recientes miden la gnosis a través del grado de intimidad entre Zer Anpin y Nukva, según si están «cara a cara», «espalda con espalda» o si «se besan». Esta alegoría describe cuán profundamente la conciencia ha alcanzado (o no) el estado místico de bitul.

La relación entre Zer Anpin y Nukva es completamente interdependiente. Esto invalida la idea de que cada uno de ellos posee una existencia independiente. No puede haber esposa sin esposo, como tampoco puede haber esposo sin esposa. El matrimonio se forma cuando los desposados se unen para definirse mutuamente. Reconocer la interdependencia del zivug es lo mismo que bitul. Los desposados, en su unión trascedente, se vinculan más allá de la existencia o la no-existencia. Alcanzarlo se encuentra en la naturaleza de nuestra mente y su manifestación es el objetivo de la madurez espiritual. Por eso la imaginería sexual del Cantar de los Cantares se considera como la afirmación mística definitiva. Zivug deja a ambos integrantes y a sus percepciones bitul, y todas las designaciones concretas como interior y exterior, el yo y el mundo, simplemente se disuelven. De esta forma, ninguna «parte», tampoco ningún «todo», puede ser considerado como una existencia independiente.

> «(1:9) Elohim dijo: "Júntense las aguas que están debajo de los cielos en un lugar, y descúbrase lo seco". Y así fue. (1:10) Elohim llamó a lo seco "tierra", y a la reunión de las aguas llamó "mares". Y vio Dios que era bueno». (Gen 1:9-10)

En la narración del tercer día, la danza coemergente de la energía y el espacio se explica a través de los símbolos de lo *seco* y el *agua*. Juntos articulan el *continuum* ilusorio de estabilidad y cambio. «Seco» se refiere a las apariencias fijadas, que parecen permanecer (a pesar de que nada lo hace). Esto se expresa cuando «la tierra seca es vista», indicando que la forma es percibida (vista) como continua y discreta. Este término se usa a menudo en textos alquímicos para aludir al estado sólido de una sustancia. La «humedad» representa la apariencia de la transformación. Lo que está «húmedo» está en disposición de fluir, por lo que la humedad es el aspecto del cambio manifestacional en el que se percibe el movimiento. En este contexto, el «mar» alude a la totalidad de lo volátil no fijado, que es la naturaleza de toda energía.

Este término también es de uso común en la alquimia, incluso en los tratados alquímicos más antiguos que se conocen. Al contrario que el «mar», la «tierra seca» representa la materia sólida. Entre ellos, surgen todas las posibles variables creativas.

> «Produjo, pues, la tierra hierba verde, hierba que da semilla según su naturaleza, y árbol que da fruto, cuya semilla está en él, según su género. Y Elohim vio que era bueno». (Gen 1:12)

El alcance completo de la energía se consigna aquí a partir de una serie de símbolos orgánicos que muestran su complejidad. Se sugieren tres niveles, que están simbolizados por tres tipos de vegetación: pasto, hierbas con semillas, y árboles que dan frutos que contienen semillas. Cada estado remite a un proceso en el que la energía se expande. El pasto simboliza la función más sencilla de la energía: crecer y ser consumida por los animales del campo. Las hierbas de las que prenden semillas poseen la dimensión añadida y visible de generar su reproducción por sí mismas: las semillas perpetúan las especies. Así pues, representan los patrones cíclicos de la energía. Los árboles poseen las implicaciones más complejas. Las semillas del fruto del árbol perpetúan el crecimiento cíclico, como lo hacen las hierbas, pero además, el fruto nutre la creatividad humana y aporta la energía que se transforma en la mente humana. Por consiguiente, los tres representan la cúspide del crecimiento vegetativo.

Las tres etapas energéticas remiten a los grados de sutileza temporal en la percepción. Cada etapa extiende la que la precede. El pasto crece para ser consumido, procesado y, sus residuos, expulsados. Representa la superficial «comida del momento», que es completamente transitoria. Los animales que comen pasto atienden únicamente a circunstancias temporales inmediatas, que expresan un movimiento lineal simple. Las hierbas germinadas remiten a los ciclos de autoperpetuación como el nacimiento y la muerte, las estaciones, el flujo y el reflujo de las apariencias externas. Con las hierbas, el tiempo deja de ser una línea para convertirse en un círculo. Las mentes de la mayoría de los seres humanos se encuentran encerradas en dichos ciclos y muy pocos son capaces de ver más allá. Es el fruto del árbol, que se autoperpetúa, el que conduce la energía cíclica hacia el crecimiento espiritual. Esto permite que los seres humanos se acerquen a su Divinidad esencial. Su fruto es el alimento de la evolución humana. Este aspecto significante permitirá que el símbolo del fruto del árbol tome un papel extremadamente importante en la narración del Jardín del Edén, en el tercer capítulo del Génesis.

El relato del tercer día comienza con el edicto: «Júntense las aguas que están debajo de los cielos en un lugar». El concepto «un lugar» designa la Shejiná como el único espacio que contextualiza e iguala todas las cosas. La mayoría de los cabalistas toman el lugar único para referirse a Maljut, pero en un sentido más profundo, alude a la Shejiná. La Shejiná concede apariencia al movimiento; sin embargo, el propio movimiento no es otra cosa que Shejiná. Todas las designaciones (tales como «dónde» se halla un lugar o «qué» tipo de movimiento se aprecia), al final, remiten al zivug interdependiente entre Tiféret y Maljut. Se trata del «encuentro» metafórico de las aguas superiores que recupera el matrimonio inferior.

El encuentro se produce «bajo los cielos», lo que constituye una referencia a Maljut, que gráficamente se sitúa «bajo» los seis aspectos del movimiento. En un sentido esquemático, es donde las apariencias aparecen. Con todo, la manifestación de Maljut es sólo un «encuentro» con la ubicua expansión básica del Ain Sof, la verdadera esencia de la Shejiná. La energía no se concreta en «algo», ni surge en «alguna parte». El corazón de la mística cabalística invalida estos conceptos. La simultaneidad del contexto y la energía simplemente surge para ornamentar la gloria de su naturaleza. Ésta es la auténtica esencia del zivug.

En el diagrama de la Imagen Divina, gráficamente, Maljut está suspendida bajo el travesaño horizontal de la *he* inferior, flanqueada por sus piernas izquierda y derecha. La sefirá no toca ninguna parte de la letra. Esta ubicación gráfica simboliza cómo las formas aparecen «aisladas» en la percepción convencional. Las dos piernas de la *he* inferior ilustran las tendencias contractiva y expansiva que modelan los reflejos captados por la percepción. Como las personas entienden que los reflejos de Maljut están separados, las aguas inferiores se comprenden como el mundo de las cosas reales que existen «bajo el cielo». Cuando esto tiene lugar en la mente, las manifestaciones asumen el papel de sustancia tangible en las mentes humanas.

La tríada formada por Jesed, Gevurá y Tiféret se conoce por el acrónimo JaGaT. La tríada de JaGaT es un conjunto de puras tendencias energéticas: expansiva, contractiva y armoniosa. La expansión de Jesed no conoce la contracción, y la contracción de Gevurá sólo está implicada en la actividad constrictiva. Y la armonía de Tiféret no es una composición, en el sentido de dos cosas que se combinen para formarla. Tiféret es la simultaneidad de las posibilidades expansiva y contractiva. En el espacio de la manifestación, estas posibilidades no se obstruyen ni se enfrentan entre ellas. Representan la adaptación abierta y la variación ilimitada.

El *continuum* de la armonía manifestacional de JaGaT se expresa con el importante símbolo cabalístico del arcoíris *(Qeshet)*. El arcoíris se describe en el Zohar como una combinación de tres colores: el blanco de Jesed, el rojo de Gevurá y el amarillo de Tiféret (a menudo, traducido erróneamente como verde). Estos tres colores se combinan en la tríada formada por Netzaj, Hod y Yesod (NeHiY). En ella producen los colores mezclados de la luz y el rosa salmón oscuro (Hod y Netzaj) y un violeta formado por todos los colores juntos (Yesod), que incorpora el azul del espacio (Maljut). Éstas son las atribuciones de color que empleaban los primeros cabalistas, así como el Zohar, a pesar de que cabalistas posteriores hayan empleado un sistema diferente, basado en colores primarios y secundarios.

El arcoíris representa la pureza cognitiva como un fenómeno aparicional. Ofrece a los seres humanos una alternativa a la densa y opaca apariencia de la consciencia ordinaria. Cuando la lucidez cognitiva se ha vuelto tenue y claustrofóbica, el arcoíris nos recuerda los más sublimes aspectos de la percepción visionaria.

En el noveno capítulo del Génesis, Noé llega a un acuerdo con dios, y se le muestra el arcoíris como símbolo de éste. El siguiente pasaje posee una importancia monumental para la cábala, como metáfora de la gnosis y expresión del zivug de Tiféret y Maljut:

> «(1:12) Produjo, pues, la tierra hierba verde, hierba que da semilla según su naturaleza, y árbol que da fruto, cuya semilla está en él, según su género. Y Elohim vio que era bueno. (1:13) Y fue la tarde y la mañana del día tercero. (1:14) Elohim dijo: "Haya luces en la expansión de los cielos para separar el día de la noche; y sirvan de señales para las estaciones, para los días y para los años. (1:15) Servirán as luces en el espacio del cielo para iluminar la tierra". Y así fue. (1:16) Elohim creó las dos grandes luces; la mayor para que gobernase el día, y la menor para que gobernase la noche y las estrellas». (Gen 1:12-16).

El arcoíris es uno de los símbolos cabalísticos más profundos con los que se representa la conciencia visionaria. Expresa la manera en que la cognición surge cuando la percepción humana alcanza su vínculo intrínseco con la Divinidad. El arcoíris nos recuerda que la llamada percepción ordinaria puede ser empequeñecida por posibilidades más brillantes y sutiles que cualquiera de nuestras fijaciones. Satura la expansión del cielo con su colorido luminoso e implica, directamente, el zivug de la luminosidad y el espacio. Esta visión es inmaterial e insustancial, pero paradójicamente, aparece en una vívida forma prístina. Más importante: el arcoíris manifiesta la *belleza*. «Belleza» es la traducción literal de la palabra *Tiféret*. Estos atributos invitan a la mente a contemplar la magia interior de los fenómenos creadores, que cuestionan la mediocridad y pueden eliminar cualquier grado de tolerancia hacia el *statu quo* cognitivo.

El arcoíris posee atribuciones cabalísticas muy complejas. Hay tres formas principales de relacionarlo con las sefirot. La primera indica que el arcoíris se corresponde con Maljut. Simbolizada la visión pura del «espacio de todas las cosas conocidas». Esto implica que todas las apariencias que nosotros tomamos como tangibles y divididas, pueden ser intangibles, inmateriales y brillantes. La segunda atribución equipara el arcoíris con Tiféret. Es fácil de comprender, ya que Tiféret manifiesta una belleza cooperativa y resonante, y reúne todo el movimiento de forma armónica, como los colores del arcoíris. La tercera correspondencia es la clave entre las dos anteriores. Equipara el arcoíris con Yesod. Yesod es el punto de integración entre las seis sefirot y Maljut. Ahí es donde la luz y el espacio manifiestan su unión, ya que Yesod está asociada con la consumación (zivug) del matrimonio Divino.

Yesod corresponde a los genitales y es el lugar del brit (circuncisión). La palabra *brit* también significa «pacto». Como la «rúbrica del pacto» que se menciona en Noé, el arcoíris simboliza el vínculo entre el movimiento perceptual de la mente y los fenómenos que percibe. La connotación mística es que la unión del perceptor y lo percibido es inmaterial, luminosa, espaciosa y bella. Así, el arcoíris combina la belleza del estado visionario con bitul, la naturaleza inmaterial de todas las manifestaciones.

El arcoíris, por lo tanto, marca el vínculo de interdependencia entre Tiféret y Maljut *a través* de Yesod. Esta integración representa cómo funcionan las manifestaciones. Es «el lugar» en el que JaGaT es sensualmente aprehendida como la expresión definitiva de la Shejiná. El rebe Nahmán lo argumenta en este fragmento que constituye una de sus mayores enseñanzas:

«El juicio es mitigado a través de la canción, tal como está escrito en el Sagrado Zohar: "El arcoíris es la Shejiná". Los tres colores del arcoíris son los patriarcas, que son los ropajes de la Shejiná». *(Likutey Moharan)*

El arcoíris es la expresión definitiva de la Shejiná porque revela la perfecta integración entre el movimiento y el espacio. Como se mencionaba anteriormente en una cita del Zohar, el movimiento creador y el espacio son una unidad como «olas fluyendo en el océano». En este sentido, la belleza del arcoíris conduce directamente hacia la contemplación de la sabiduría intangible del Ain Sof en su sentido más puro.

El arcoíris es una apariencia que no posee oscuridad u opacidad. Es sólo el ropaje para el aprendizaje de la pureza, la maravilla y la dicha. Es un ejemplo de lo que la percepción puede hacer cuando la naturaleza de la mente se libera de sus klipot. Cuando la chispa de la gnosis escapa de su confinamiento, el arcoíris se revela siempre. Esto marca la transformación visionaria de la torpeza y la opacidad de las circunstancias ordinarias. El arcoíris no ofrece equivalencia conceptual alguna ni una agenda externa. Su simple refulgencia espaciosa *es* su significado. Su belleza tangible se alzará para describir el universo como el Jardín del Edén, que es una muestra del arcoíris místico en su sentido más profundo.

Como señala el rebe Nahmán, el arcoíris cabalístico está formado por tres colores que se corresponden con los tres patriarcas bíblicos. Los patriarcas personifican las sefirot de JaGaT en el discurso bíblico. Abraham es Jesed, Isaac es Gevurá, y Jacob es Tiféret. En la Biblia, las vidas de los patriarcas se consagran a la belleza visionaria de la Shejiná y constituyen ejemplos para toda la humanidad de cómo vivir en pureza, al tiempo que se vive en completa rendición (bitul) a lo Divino.

El empleo del término «canción» por parte del rebe Nahmán en el fragmento anterior es significativo. La canción es la armonización del sonido, de la misma forma que el arcoíris armoniza el color. Sin embargo, el sonido alude al contexto específico de la plegaria. En la liturgia judía, la recitación de la Torá se realiza a través del canto de melodías que corresponden a notaciones cabalísticas. Este aspecto de la «canción de la sabiduría» permite que las notas (que, de hecho, son las palabras del texto) adquieran brillo y se eleven a través del espacio. En un sentido visionario, esto convierte el auditorio de la Torá en un reino de vastedad sonora, como «olas derramándose en el mar».

El rebe Nahmán afirma que puede haber una «mitigación del juicio a través de la canción». Esto alude a la severidad de Gevurá, «endulzada» a través del reconocimiento de la sabiduría armoniosa. Como el arcoíris, la «canción» describe la bella naturaleza interior de las manifestaciones. La postura de la verdadera fe es que, sea lo que sea lo que la mente aprehenda, es una radiante muestra del Ain Sof. La fe y la devoción transforman alquímicamente la percepción en plegaria, así, los fenómenos son al mismo tiempo «canción» y «arcoíris».

El rezo formal permite que las letras se combinen para expresar un anhelo espiritual. La tradición sostiene que todo lo que hay en el cielo y la tierra está metafóricamente contenido en dichas letras. Además, la melodía de la plegaria mística puede ser expresada de forma vacía, y cualquier acto cognitivo puede convertirse en una canción Sagrada que refleje el sutil brillo del estado visionario. La mitigación de la severidad de Gevurá se produce a través de la fe en la «maravilla básica» de la vida, y esto depende completamente de la intención. Un gran tzaddik dijo una vez: «La intención de tener fe es causa de la fe».

Más tarde, el rebe Nahmán asoció a la tríada JaGaT tres elementos básicos de la manifestación: agua (derecha), fuego (izquierda) y aire (centro). Escribió:

> «Los sonidos de una canción son los tres colores del arcoíris, en tanto que la voz consiste en fuego, agua y viento. Éstos son los tres patriarcas, los patriarcas siendo los tres colores radiantes en lo que "la veré y recordaré el pacto eterno"».
> *(Likutey Moharan)*

La apariencia del arcoíris físico está relacionada con la luz del sol, la humedad de la atmósfera y el aire en el que ambas interactúan. Estos elementos también tipifican la voz que canta su devoción al Ain Sof: el calor del corazón, la humedad del aliento, y el aire de la respiración. Estos aspectos del arcoíris nos permiten comprender cómo el microcosmos (canción humana) y el macrocosmos (armonía de los elementos) pueden resonar juntos para alcanzar una expresión común.

El rebe Nahmán está señalando cómo las barreras de klipá que oscurecen Yesod se disuelven a través de la dicha de la manifestación pura. Esto es lo que, de hecho, obra el pacto. Cuando las obstrucciones conceptuales y el oscurecimiento perceptivo son apartados de los «genitales cósmicos», la claridad y la hondura de los fenómenos brilla sin reservas. Es lo mismo que practicar la circuncisión a un niño judío. En Génesis 9, sería representado por el arcoíris apareciendo a través de las «nubes», que son las klipot que ocultan. La imagen del arcoíris brillante a través de esta barrera expresa el poder de la sabiduría para «eclipsar» aquello que lo oculta. Ésta es la promesa que nos trae el tzaddik, sellada en el vínculo entre nuestra condición actual y el potencial de lo que podemos llegar a ser si nos permitimos a nosotros mismos crecer más allá de los extremos de la dualidad.

La aparición del arcoíris significa que se ha completado la «inundación». El diluvio es un símbolo literario que representa la purificación de la tierra, que es la Shejiná. El agua del diluvio es la mente, y la tierra es su disposición aparicional. Noé se corresponde con Yesod, donde se conectan; él personifica la integración del movimiento fluido de la mente con la manifestación de sus fenómenos, o lo que es lo mismo, el zivug del matrimonio Divino. En Yesod, el pacto se puede sellar y el arcoíris visionario alcanzar. Así, Noé representa el arquetipo del tzaddik y se considera la primera encarnación de Moisés.

La inundación de la mente sólo es «destructiva» en lo que a las klipot de la percepción convencional se refiere. Su purificación facilita la interiorización de la belleza y la dicha (por ejemplo: el arcoíris). Éste es el mensaje universal que expresan todos los tzaddikim, en palabras de Baal Shem Tov:

> «Uno debe servir a Dios, con reverencia y alegría, ya que son "dos amigos que nunca se separan"». *(Tzava'as HaRivash)*

Esta profunda reflexión juega con una frase incluida en el Zohar, «dos amigos que nunca se separan», que se refiere a Jojmá y Biná. Su mensaje es que la sabiduría superior se viste a sí misma con los atributos puramente emocionales de JaGaT: la reverencia es el aspecto de Gevurá y la alegría es el aspecto de Jesed. Ambos sentimientos acompañan la interiorización de la gran belleza, que es Tiféret. Esto sugiere que el brillo visionario armoniza perfectamente ambas caras, y que en su unión, la sabiduría innata de las aguas superiores se expresa como la factoría de la percepción. Así es cómo el conocimiento supremo se envuelve en el vívido manto perceptual del arcoíris. Ésta es una sinopsis asombrosamente sencilla de un proceso indescriptiblemente complejo.

La siguiente ilustración, del cabalista hermético del siglo XVII Robert Fludd (figura 14), al mostrar la *vav* como extensión de la *yud*, expresa la continuidad entre el movimiento perceptual y la sabiduría primordial. La *vav* es el equilibrio entre los dos platos de una balanza, que representarían las dos *he* de YHVH. La *vav* puede tanto facilitar el equilibrio como desequilibrar ambos platos. En el esquema, puede apreciarse el desequilibrio de la cognición convencional, ya que la *he* inferior (la oscura) soporta mayor peso e inclina la balanza.

DÍAS 4 Y 5

El cuarto y el quinto día corresponden a las sefirot Netzaj y Hod. Son descritos al mismo tiempo porque expresan una dependencia mutua única y aparecen como una unidad en buena parte de la literatura cabalística. A menudo, se les suma Yesod y se los menciona como la tríada NeHiY (Netzaj/Hod/Yesod).

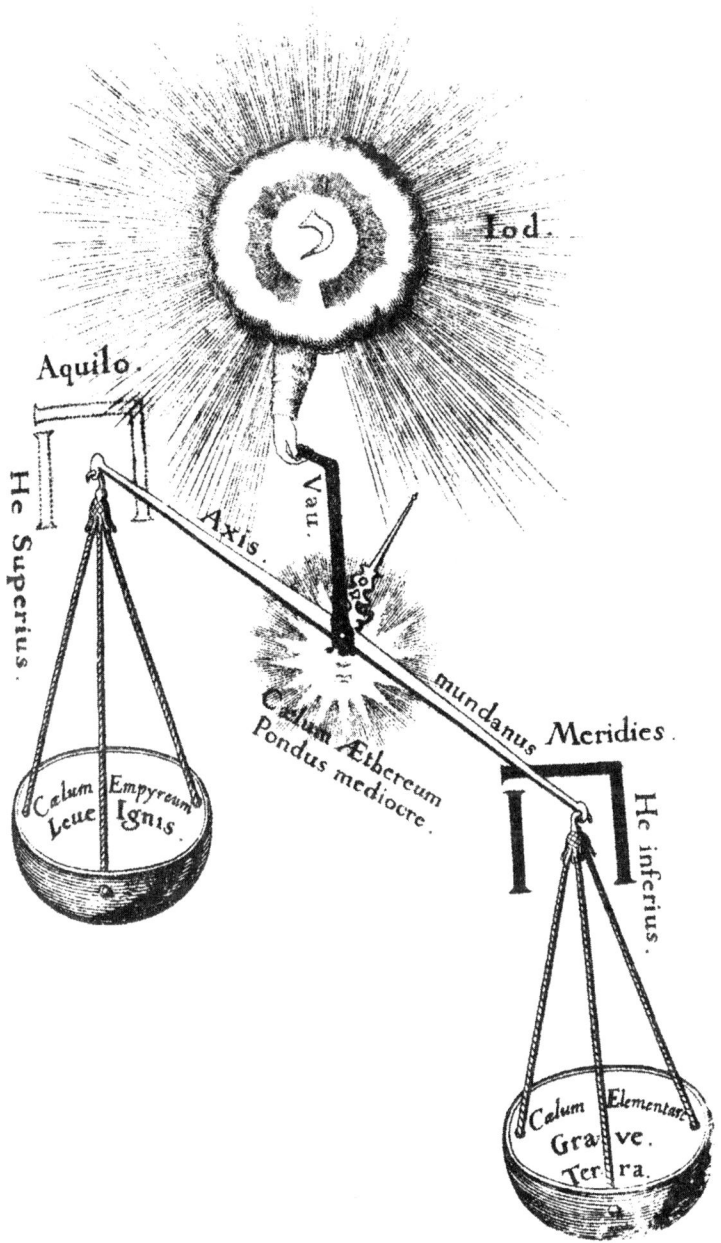

Figura 14

Netzaj y Hod son los aspectos de las energías expansiva y contractiva que se aplican en las siempre cambiantes circunstancias de los fenómenos. En el *continuum* de la percepción ordinaria, cada momento y cada objeto mental se establece en relación con todos los demás. Netzaj y Hod son los aspectos de la acción y el análisis que integra estos elementos. Son los mecanismos que encabezan la búsqueda de significado y experiencia, que penetran en situaciones y desentierran conclusiones.

Netzaj y Hod aplican la creatividad y la elección de acuerdo a una intención. Como resultado de esto, se encuentran en la encrucijada entre dos direcciones vectoriales. Se pueden aplicar para sostener la fijación ordinaria sobre la base de la relatividad o se pueden emplear para romper sus barreras y transformarse en bitul a su naturaleza esencial. Ambas direcciones expresan intención, que es la disposición general que guía un proceso. Netzaj y Hod son sólo herramientas que facilitan el proceso. Cuando se emplean al servicio de la realización Divina, Netzaj y Hod se denominan «las puertas de la profecía». En un sentido ordinario, representan el deseo de buscar información y experiencia y de analizar todo aquello que se ha encontrado.

Respectivamente, Netzaj aplica la acción expansiva del lado derecho para penetrar en los fenómenos, y Hod aplica la acción contractiva de la izquierda para reducirlos a una conclusión o impresión. Así, Netzaj y Hod son conductos para JaGaT, y llevan su interacción a una circunstancia «mixta». Netzaj expande, pero sólo en un contexto que se ha definido por una serie de límites. Hod contrae, pero sólo a partir de un aspecto específico de la energía expansiva que se ha contextualizado. El cabalista Aryeh Kaplan compara esta relación con un semáforo. El verde significa «adelante», pero no es una orden abierta de avanzar sin regulación; es condicional. Uno sólo puede avanzar teniendo presente un contexto en el que existe un punto de detención futuro (ya que la luz se pondrá roja en algún momento). Y lo mismo sucede con su opuesto. Avanzar y detenerse se equilibran mutuamente y mantienen una relación en la que cada uno sólo se puede expresar en la presencia del otro. De esta forma, el eco de Jesed y Gevurá se ajusta a la interdependencia inherente a la circunstancia aparicional.

Netzaj y Hod se denominan las «piernas» de la Imagen Divina porque conducen el movimiento creador al suelo. Esta designación también las relaciona con las piernas de la *he*. Las piernas de la *he* forman la visión que se manifiesta a través de su «ventana» horizontal. La formación de sus fenómenos implica actividad tanto expansiva como contractiva que se mezcla inagotablemente con sus reflejos. Los seres perciben esos reflejos mezclados de acuerdo a sus hábitos. Si no hay klipot que impermeabilicen los reflejos, entonces no hay artificios que habitar. En ausencia de hábitos constrictivos, sea lo que sea lo que aparezca a través de la ventana de la *he,* se reconocerá como de igual naturaleza que la expansión abierta sobre su travesaño. Los hechos que los seres fijan en «algo» son una indicación de que esta apertura está abarrotada de apéndices al constante intercambio de reflejos expansivos y contractivos que resuenan eternamente en el espacio. La cuestión del estatus de Netzaj y Hod en la formación de dichos reflejos es sólo una cuestión de costumbre. Como sucede con todas las buenas herramientas, su eficacia depende de cómo se usen.

En el diagrama de la Imagen Divina, Netzaj y Hod corresponden con el final de las piernas de la *he* superior. Podría parecer que sería más apropiado que estuviesen junto a la *he* inferior, ya que están directamente implicadas en la contextualización de Maljut. Sin embargo, el esquema sugiere algo más profundo.

El movimiento formativo de los cielos extiende directamente el espacio puro e indivisible de Biná (Biná = BeN Yah). Además, todas las sefirot de la derecha y de la izquierda de los cielos están vinculadas a la he superior incluso aunque sus reflejos se capten aparentemente en la *he* inferior. Pero esta infinita casa de espejos que se atribuye a Maljut no está separada de Biná. Maljut, y las energías celestiales que la forman, proyectan igualmente la Shejiná. La potencia creativa de las aguas supremas resuena a través del espacio, y la suma de sus ecos es aprehendida como Maljut. La fe puede servir para recordar y reforzar el hecho de que el espacio básico y sus contextos son una continua unidad. Entender las posiciones absolutas o relativas como separadas socava completamente la igualdad radical que se da en el bitul de todas las distinciones epistemológicas y ontológicas.

Impresiones mentales fugaces, que parecen reales y perdurables, son continuamente percibidas por los sentidos. Sin embargo, son todas impermanentes e inmateriales, como la imagen de la luna que se refleja en un estanque. Un error que los aspirantes espirituales cometen a menudo es creer que estas impresiones son como una «piel» que recubre los aspectos más profundos del proceso creador. Y no es así. Todos los fenómenos de la mente expresan la naturaleza Divina del Ain Sof, incluso cuando lo distorsionan y lo malinterpretan. Ciertamente, no deberíamos creer todo lo que la mente nos sugiera, pero podemos tener fe en que su naturaleza es únicamente el juego nupcial de la luminosidad y la amplitud. Es siempre una invitación a la inmensidad radiante y siempre se muestra con los colores del arcoíris.

Las variaciones surgen cuando Maljut refleja las infinitas facetas del hábito cognitivo que surgen entre las aguas. Son ondas intangibles, pero fácilmente pueden convertirse en recios klipot si las percibimos y las cosificamos. La tríada NeHiY es el mecanismo que establece el contacto e integra cada matiz de los fenómenos. Ahí es donde echan sus raíces los hábitos más insidiosos. Si se purifica, la tríada NeHiY puede buscar y reconocer el agua de su propia naturaleza, conduciendo Biná, Maljut y los cielos a bitul al Ain Sof. Si no hay artificios que habituar, entonces NeHiY revela la pureza de la melodía del arcoíris y se despliega «envuelta» en la tríada JaGaT. Esto unifica ambas tríadas, creando el estado de Ruaj Ha-Kodesh (Sagrado Ruaj), que es la completa integración de la conciencia en el ámbito de las seis sefirot. En terminología jasídica, hablaríamos de *mojin d'gadlut* (conciencia expandida).

Como se ha mencionado anteriormente en una cita del Zohar, el espacio se ajusta al movimiento creador, creando «seis estancias» en los cielos. En su ascenso místico, la mente no «pasa a través» de Maljut para llegar a ellas. Las estancias son aperturas en la vastedad de la Shejiná, en la que la tríada NeHiY es subsumida. Cada grado de sutileza permite a NeHiY llevar la conciencia a una mayor profundidad en el interior del matrimonio alquímico de la luz y el espacio. De esta forma, el movimiento perceptual literalmente «camina» hacia su propia estructura.

> «Elohim dijo: "Haya luces en la expansión de los cielos para separar el día de la noche; y sirvan de señales para las estaciones, para los días y para los años"». (Gen 1:14)

El cuarto día corresponde a Netzaj. Comienza «Haya luces en la expansión *(rakia)* de los cielos». Sus «luces» marcan la extensión de Jesed en Netzaj. El contexto de la «rakia de los cielos» implica una «rakia en el interior de una rakia». Ésta es la tríada NeHiY, situada en el ámbito de los seis cielos. Aquí el tsimtsum se aplica a una inagotable multitud de circunstancias, aludidas por el plural «luces». Esto define la variación de la fuerza de Netzaj. Variaciones energéticas irrumpen a través del campo abierto del espacio para incluir eventos externos «como las estrellas titilantes» e internos –como las impresiones emocionales–. Cada descarga energética, desde la producción de una simple célula al brillo de soles infinitos, forma parte del *continuum* del cuarto día.

Las luces del cuarto día establecen su variación entre el momentum y la continuidad de Jesed, que es la energía general de la manifestación. Esto aparece indicado en el diagrama de la Imagen Divina: la pierna derecha de la *he* superior conecta Netzaj directamente con Jesed y con el travesaño de la *he*. Esto indica que el momentum energético de Netzaj es la extensión del Ruaj Elohim. Esto es visible para la percepción ordinaria, en la que la continuidad perpetúa y dirige el hábito. Una vez que se ha establecido un patrón cognitivo, sostiene su futuro dinámico y crece reforzado por su propia potencia hasta que alguna interferencia lo obliga a detenerse. El momentum del hábito no es más evidente que nuestra percepción del tiempo. Tenemos una fe implícita en el despliegue de nuestras impresiones temporales simplemente porque nuestro hábito temporal ha acumulado un momentum enorme. La mayor parte de los seres humanos nunca se lo cuestionan. La temporalidad es el pilar fundamental del pensamiento ordinario.

La frase «[las luces] sirvan de señales para las estaciones, para los días y para los años» sugiere que existen significados sutiles que se pueden extraer del movimiento temporal. Esto constituye la base de la astrología. Los presagios (o señales) astrológicos están marcados en las relaciones entre los cuerpos celestes y revelan conexiones entre sus ciclos y los sucesos físicos. Los presagios pueden establecer conexiones más profundas entre la energía y la percepción a nivel interno. Señalan patrones cognitivos que indican lo que hemos sido y lo que seremos en el transcurso del tiempo.

> «(1:16) Elohim creó las dos grandes luces; la mayor para que gobernase el día, y la menor para que gobernase la noche y las estrellas. (1:17) Elohim las puso en el espacio del cielo para alumbrar la tierra». (Gen 1:16-17)

Las dos grandes lumbreras aluden al sol y la luna. Estos símbolos son la raíz de todas las relaciones. Esto se menciona en el cuarto día porque la variación de la luz opera a través de contrastes interdependientes. La base de todo contraste es la unión de Jojmá y Biná, expresada a través de un continuo fluir de actividad polar.

La palabra *Netzaj* se traduce como «victoria». Su función es perpetuar el momentum. Netzaj permite que la energía atraviese barreras y así se produzca su «victoria» sobre las limitaciones. En cambio, Jesed no tiene barreras. Ésta es la diferencia entre la luz del primer día y la aplicación de dicha luz en las relaciones relativas del cuarto día. Como sefirot de la parte derecha, lo que distingue a Netzaj de Jesed es la influencia de Gevurá desde el lado izquierdo. El impulso de Netzaj hacia la victoria sólo puede emerger en relación a una contrafuerza que trate de retenerlo. La labor de Netzaj es romper todas las barreras (klipot) posibles que surgen de la influencia de Gevurá. Este escenario es la base de las metáforas sobre la conquista que encontramos en la Torá, como las que nos hablan del rey David.

Estas circunstancias se analizan basándose en el opuesto de Netzaj: Hod. Netzaj, expansivamente, persigue avanzar y explorar. En cambio, Hod compacta y trata de alcanzar una conclusión por reducción. Excluye todas las posibilidades superfluas para enfocar la energía expansiva de Netzaj en cuestiones específicas. Hod y Netzaj cooperan para permitir a la mente conectar con las manifestaciones con precisión.

Como Netzaj, Hod es sólo una herramienta intencional. Puede resonar de forma poderosa y abierta, o puede verse atrapada en detalles conceptuales limitados. Hod es indispensable para la contemplación mística, en la que la mente necesita seguir un sendero sin distracciones. Permite a la mente mantener estados sutiles que pueden refinarse profundamente. Esto último ofrece la razón de su nombre, que se traduce como «esplendor». En su sentido más elevado, Hod resuena con el brillo de la luminosidad del espacio básico y se vuelve bitul para él, suprimiendo la infinita resaca de exceso de información que causa distracciones.

Juntos, como las «puertas de la profecía», Hod y Netzaj aseguran que la concentración pueda utilizar de forma efectiva la energía para propósitos espirituales. Sin embargo, en un sentido convencional, estas sefirot son sólo herramientas de identificación egoica ordinaria.

> «(1:20) Elohim dijo: "Produzcan las aguas seres vivientes, y vuelen las aves sobre la tierra, en el espacio abierto de los cielos". (1:21) Y así Elohim creó los grandes taninim, y cada ser viviente que se mueve, que las aguas produjeron según su género, y toda ave alada de cada especie. Y vio Elohim que era bueno». (Gen 1:20-21)

El relato del quinto día expresa Hod a través de la profusión de criaturas vivientes que llenan el mar y el cielo. Lo que el cuarto día es en relación a la distinción de la luz, el quinto día lo es respecto a la diferenciación de los seres vivos. Las criaturas marinas y los pájaros remiten a patrones energéticos que «nacen». Los pájaros simbolizan a los ángeles *(melekim),* que se manifiestan en los cielos. Habitualmente, esto pertenece al mundo de yetzirá, pero se superpone a briá y assiá, también.

Los ángeles no son entidades autónomas con una existencia independiente, claro. Ningún ser posee una existencia independiente, ni siquiera los seres humanos. Los ángeles son configuraciones energéticas que ejercen influencia sobre la vida interior de las manifestaciones. «Vuelan» sobre la base de la percepción ordinaria de los seres humanos y, ocasionalmente, se encuentran con ellos. Las criaturas marinas remiten a patrones energéticos que moran bajo la conciencia humana, confundidas con los pensamientos y sentimientos de su subconsciente. Ambos tipos de criaturas expresan una especificidad funcional que las diferencia, por eso están relacionadas con Hod y aparecen en el quinto día.

Es importante comprender que ni los pájaros ni las criaturas marinas son aspectos de la mente «humana» en un sentido psicológico. Son aspectos de la diversidad creativa del Ain Sof, que es el poder creador expresado por cualquier tipo de existencia. En este punto, la cábala difiere de la teoría junguiana. Jung postuló que los arquetipos «brotan» del inconsciente colectivo, el gran depósito cósmico de axiomas creativos. Para la cábala, se trata de una afirmación narcisista, ya que lo colectivo comienza y acaba con la proyección de las esperanzas y miedos conceptuales de los humanos. Los seres humanos intentan «poseer» cualquier fenómeno con el que se encuentren, ya sea consciente o inconscientemente. El verdadero conocimiento gnóstico se revela más allá de la conceptualidad y sus arquetipos, y se manifiesta en el reino humano como un portal, al otro lado del cual no se encuentran los patrones que sirven de raíz a la conceptualidad, como creía Jung, sino la capacidad para anular por completo la autoidentificación.

Los patrones cognitivos humanos resuenan inexorablemente con infinitos tipos de patrones vivientes. El vínculo entre los reinos está entretejido. Los «pájaros» y las «criaturas marinas» tipifican una enorme variedad de formas no humanas que son halladas en el ascenso místico. A menudo, estos seres se muestran con una apariencia antropomórfica proyectada por la mente humana para poder percibirlos y comunicarse con ellos de forma efectiva:

> «"Deja que las aguas fluyan con las almas vivientes": éstas son las aguas inferiores rebosantes de diversidad, como arriba. Las más altas, las más bajas "Y deja que los pájaros vuelen sobre la tierra", mensajeros de arriba apareciéndose a los seres humanos en apariencia humana, como está implícito en las palabras "volar sobre la tierra". Hay otros que se aparecerán sólo en el ruaj según la conciencia humana». (Zohar)

Como unidad, Netzaj y Hod negocian la interacción entre el cielo y la tierra. Se denominan las «ruedas del carro» porque acercan o alejan de la consumación el zivug de Zer Anpin y Nukva. Para entenderlo, deberemos examinar la imagen del carro. Es una de las imágenes más importantes en el misticismo judío.

El significado del carro Divino o merkavá posee numerosas y profundas variaciones. Este término nos retrotrae al período del Templo y es sinónimo de un temprano misticismo judío. Una merkavá mueve y aloja creatividad. Como todas las manifestaciones, su movimiento se muestra a la mente humana a través del proceso bidireccional de «correr y regresar». Esta terminología implica un aspecto de la tradición que precede a la cábala tal como hoy la conocemos. Su origen se encuentra en el primer capítulo del libro de Ezequiel, en el que se describe la merkavá. De esto hablaremos en profundidad más adelante.

En términos generales, la merkavá «desciende» para aparecer y «asciende» como realización de su naturaleza, reflejando el completo alcance de la exhibición de fenómenos de la Shejiná. Sin embargo, el término *merkavá* está específicamente relacionado con la adaptación y la maestría de los seres humanos sobre dicho proceso. Es la realización mística de los seres humanos la que hace que la merkavá se mueva y revele lo que sea que revela. La merkavá es un espejo estructural de la mente que va en ella. Está guiada por los «cerebros», es decir, Ka-JaB (Kéter, Jojmá, Biná). El potencial del cerebro se ejecuta desde su «cuerpo», que son las siete sefirot inferiores. Tiene cuatro etapas que corresponden a los cuatro mundos que, a su vez, expresan los diez. La merkavá es el patrón de referencia inherente a cualquier manifestación de la mente.

En resumidas cuentas, la merkavá, las diez sefirot y las cuatro letras del Nombre Divino son sinónimos. Conectar estos aspectos de la estructura de la creación es el significado real del diagrama de la Imagen Divina. La sinergia entre las diez sefirot y las cuatro letras de YHVH constituyen una gran merkavá, que se puede aplicar a cualquier forma de expresión. La merkavá se revela tanto a nivel microcósmico como macrocósmico. Esta distinción es puro dualismo, ya que estas categorías son completamente interdependientes. Para poder aceptar que un mundo existe, un ser debe existir en dicho mundo y percibirlo. Para poder aceptar que un ser existe, debe aparecer en alguna parte, lo que requiere un mundo. La ruptura de esta lógica se da a partir de la unidad radical y la anulación de la autoidentificación que permite el dualismo. Si la mente alcanza su naturaleza, deja de distinguir entre el yo y su reino. Sin embargo, no aceptará o rechazará la apariencia de ninguno de los dos simplemente porque la aparición de seres y mundos se presenten por sí mismos a la mente. Los tzaddikim nos enseñan que los fenómenos aparecen más allá de la realidad y la irrealidad, del yo y el otro, y se pueden apreciar sin una comprensión dualista.

En el proceso de maduración, la merkavá parece moverse a través de mundos. Los seres humanos intentan entender todos estos fenómenos de forma dualista. En el nivel de assiá, la merkavá manifiesta el cuerpo del individuo humano así como el reino físico completo. En el nivel de yetzirá, el movimiento manifiesta tanto la percepción «interna» como la energía «externa», que es sentida y pensada. En el nivel de briá, el potencial axiomático del espacio básico se manifiesta como la capacidad humana para pensar, así como la posibilidad abierta de todas las ideas «externas» que pueden ser encontradas y aprendidas. Sin embargo, en el nivel de atzilut, las implicaciones macrocósmicas y microcósmicas ya no se pueden distinguir, ya que se manifiestan como potencial luminoso indiferenciado. La intención del místico es anular los tres mundos en favor de su naturaleza común, para que nada continuo sea dividido. Sólo cuando todos los mundos y toda la percepción de los mundos sea bitul podrá alcanzarse la auténtica naturaleza de la merkavá.

Las «ruedas» de la merkavá interactúan con la energía y el espacio aparicional, en el que las condiciones perceptuales solidifican en una forma coherente. Esto tiene lugar cuando la tríada NeHiY se convierte en el catalizador para la interacción entre Tiféret y Maljut. Así se explica en el *Sefer Halyyun*, un texto del siglo XIII:

> «Bajo la cortina, girando en la revolución de su propio brillo, anterior a los poderes mencionados, se encuentran las ruedas de la merkavá, que son los catalizadores de los cielos». *(Sefer Halyyun)*

Como se ha dicho, las ruedas de la merkavá son movidas por la intención, que determina hacia dónde va la merkavá y en qué se convierte. La merkavá puede ser un vehículo que aspira a la libertad y a superar obstáculos. También puede entrar en un laberinto de confusión en el que la mente quede atrapada. La mente humana puede ser apresada en el lodazal entre Tiféret y Maljut, que los ocultistas han llamado «plano astral». Es como una barrera que se alza entre el cielo y la tierra. En la cita anterior, se menciona una «cortina» por encima de las ruedas de la merkavá. Esto alude a la barrera de la percepción convencional, que habitualmente bloquea la visión de la energía pura superior de yetzirá (JaGaT). Bajo esta cortina, persiste el opaco ciclo de las interacciones convencionales entre NeHiY y Maljut, y el zivug no puede alcanzarse. Más allá de esto se halla una «revolución de brillo», la variedad visionaria de fenómenos. La percepción ordinaria es ciega a su sutil expresión.

DÍA 6

El sexto día de la creación está representado por la sefirá Yesod. Yesod es el punto de integración entre los seis aspectos de la energía y el espacio de aparición. Es aquí donde el zivug de Zer Anpin y la Shejiná se consuma. Netzaj y Hod pueden moldear el vínculo entre el cielo y la tierra, pero sin importar lo que hagan, sus esfuerzos convergerán siempre en Yesod. Como se ha dicho, la tríada que forman es conocida como NeHiY (Netzaj, Hod, Yesod). En un sentido cognitivo, representa la mitad inferior del ruaj completo: el séxtuple complejo del movimiento energético que constituye la variedad perceptual del ser humano.

Yesod regula modos de cognición. El grado de integración determinado por Yesod cristaliza en imágenes mentales, sentimientos y conceptos a los que los seres humanos llaman «realidad». En un sentido convencional, esto hace que Yesod sea el «asiento de la conciencia personal». En un sentido no convencional, Yesod es una boda Divina, celebrada continuamente por los tzaddikim.

Cuando se encuentra obstruido por las barreras-klipá, Yesod funciona como el ego, el falso sentido de existencia independiente. Cuando se libera de las klipot, el ego bitul y Yesod se transforma en un portal abierto. Esto debe comprenderse bien. No hay un «alma» o «entidad» tangible que pueda ser libre en la experiencia humana. El grado en el que la ilusión de la autonomía individual es anulado depende de cómo de profundamente sean disueltos los hábitos y patrones autofijados. Cuando estos hábitos se disuelven, simplemente desaparecen en el espacio encino, que curiosamente, es igual a la naturaleza de la mente que los concibe. Tampoco posee una realidad sólida en un sentido objetivo. Los hábitos son sólo sostenidos por el «alimento» de la atención. Podemos lograr que los constrictivos klipot que los cosifican sean, metafóricamente, víctimas de la inanición, cambiando la manera en la que empleamos la atención. Cuando termina la fijación en un sujeto y en un objeto, la mente simplemente se atiene a la expansión abierta de su propia naturaleza, que es el ilimitado Ain Sof.

Cuando los hábitos de cosificación comienzan a desvanecerse, la imagen cognitiva de la mente comienza lentamente a desplegarse sobre la vasta luminosidad inmaterial, y su vívida belleza brilla como una inagotable ornamentación visionaria. Esta «limpieza de la lente» de Yesod define nuestro estado espiritual, y es clave para determinar la condición que la mente manifiesta.

Sin hábitos egocéntricos, el ruaj es libre para correr y regresar sin obstáculos. Esto manifiesta la incesante energía del paraíso visionario conocido como «Edén». Para un tzaddik, no hay nada más que la perfecta unidad de la semilla primordial y el útero. Por esta razón, se dice que todos los tzaddikim han «perfeccionado» Yesod, en la que se puede alcanzar la oportunidad de la gnosis en toda su plenitud. En este sentido, han alcanzado la base común a todas las manifestaciones. Esto queda implícito en el sentido literal de la palabra *Yesod*, que es «fundación». Así, podemos entender la famosa frase: «El tzaddik es la *fundación* del mundo».

Considerando el lenguaje de lo «maduro» e «inmaduro», el zivug puede ser problemático. Cuando los cabalistas se refieren al zivug como «incompleto», se debe enter solamente como una metáfora sobre los engaños de la cognición ordinaria. Es decir, cuando los hábitos de una persona son «incompletos». La imagen de la disfunción marital describe la incapacidad de los seres para percibir el vínculo interdependiente del movimiento y el espacio, en el que nada posee una realidad independiente. Esto significa que la felicidad de su boda es abierta, intangible y libre. En lugar de libertad visionaria, los seres ordinarios generalmente perciben conflicto, fragmentación y entropía. Ambas visiones están contenidas en el estatus de Yesod.

Desde el punto de vista de la fe, el zivug de Zer Anpin y Nukva es incesantemente consumado sin interrupción. Estas *partufim* (personificaciones de las sefirot) están siempre unidas. El zivug de la energía manifestacional y el espacio aparicional es siempre perfecto, completo y puro, reflejando la unión primordial entre Jojmá y Biná. Sostener esta pureza primordial como la naturaleza de las manifestaciones es la esencia de la fe y la base de la perspectiva mística.

> «Elohim dijo: "Produzca la tierra seres vivientes de cada especie, bestias y serpientes y animales de la tierra de cada especie". Y así fue» (Gen 1:24).

La narración del sexto día comienza con la creación de los animales terrestres. Se encarga de lo que quedó pendiente en el quinto día. El quinto día fue la jornada de las criaturas del mar y del cielo: las influencias que se manifiestan sobre y bajo el espacio cognitivo inmanente de los seres humanos. El sexto día explica cómo los seres vivos se manifiestan en la tierra, que es el espacio central de manifestación. El cielo y el mar son reinos periféricos con implicaciones indirectas. El sexto día se produce la culminación de la variedad, la completa amplitud de la Shejiná.

La vida manifestándose sobre la tierra alude al tercer día. En el tercer día, la tierra es *vista* y la armonía visible establecida. Yesod es la culminación de esta séxtuple actividad, que conecta directamente el espacio con Maljut. Además, Tiféret y Yesod son los dos extremos de un *continuum*. Yesod consuma el matrimonio que Tiféret propone. Esto se articula a partir del hecho de que Yesod se asocia al sexto día, como un eco de Tiféret, que es la sexta sefirá. El Zohar articula simbólicamente la relación entre ambas con una imagen más elaborada:

> «Las aguas fluyen desde arriba, desde la *he* superior. Bajo los cielos hay una "pequeña *vav*". Así que hay una "*vav-vav*": una es el cielo, la otra está bajo el cielo. "Deja que la tierra seca sea vista" es la *he* final». (Zohar)

La *vav* de Tiféret (cielo) emerge desde el espacio básico (la *he* superior). Yesod sella su función a través de una «pequeña *vav*» bajo ella, que establece contacto con Maljut. Entre ellas, la creatividad corre y regresa. La pequeña *vav* indica el subespacio entre los cielos y la tríada NeHiY, en el que el dualismo convencional o «doble visión» puede sostenerse fácilmente. Esto está simbolizado por el doblamiento de las *vav*. Las dos *vav* se utilizan en las cuatro expresiones del nombre YHVH, cuyas sumas son 72, 63, 45 y 52. En las cuatro configuraciones, cada *vav* es doblada. Las *vav* representan las tríadas JaGaT y NeHiY, a las que el Zohar llama «cielo y bajo cielo». Estas «*vav-vav*» representan la estructura completa del ruaj. A través de su integración con la *he* final, se establece la «tierra seca» y se manifiesta la apariencia de la forma cohesiva.

Yesod corresponde a los genitales en la correspondencia simbólica con el cuerpo humano. En ellos está contenida la reproducción biológica. Como un espejo de la unión de los padres superiores, la unión inferior surge como una clave para la gnosis. Como se ha dicho antes, el útero de la *he* es coemergente con la semilla de su impregnación, representando una creación «automanifestada» y completa. No existe a partir de un nacimiento; solamente refleja su naturaleza en el gozoso juego de luminosidad y espacio. Como quiera que esta realización depende en gran medida de Yesod, se convierte en el pilar para aprehender la completitud superior, que es la gnosis en sí misma.

Por este motivo, es en el sexto día cuando la Imagen Divina se explicita en la narración bíblica. Surge a través de la visión de Yesod en el versículo más importante de todo el capítulo: 1, 26. En él la merkavá de la vida humana se articula como reflejo de la Divinidad:

>«Elohim dijo: "Hagamos al hombre a nuestra imagen y semejanza"». (Gen 1:26)

En primer lugar, tengamos en cuenta el número del versículo: 26. Ésta es la guematría del nombre YHVH: Yud (10) + He (5) + Vav (6) +

He (5) = 26. En el versículo 1:26, la visión de todos los patrones que articulan el vasto ámbito de la creación pueden ser conectados: las cuatro letras YHVH, las diez sefirot, y la estructura de la forma humana. Esto debería hacerse evidente a través del diagrama de la Imagen Divina, que muestra estos elementos integrados como una merkavá estática. El simbolismo interior de la merkavá se puede aplicar al proceso creador en cada aspecto de manifestación. Éste es el punto central de este comentario, y el cianotipo para cualquier fenómeno. Será también la llave para comprender la narración del Edén en el segundo capítulo y en el tercero.

Como se ha mencionado anteriormente, la palabra *merkavá* se asocia a la visión de Ezequiel de un carro Divino de cuatro fases. Cada una de sus fases representa una de las letras de YHVH. La imagen simboliza el ascenso de la mente a través de la proyección de sus mundos, y es el símbolo judío más puro del desarrollo de un practicante místico.

Según la descripción que Ezequiel hace la merkavá, en su parte más alta se encuentra una forma humana. Ésta es la culminación de su función y su significado. Esta cúspide refleja la Imagen Divina completa, y es literalmente la «fuerza conductora» que guía el cuádruple mecanismo. Ambos, el carro y su «conductor», son representaciones del mismo patrón, que es el patrón de la merkavá y las sefirot. El número del versículo es extremadamente significativo, es también el versículo 26 del primer capítulo del libro de Ezequiel. Así, Ezequiel 1:26 refleja la misma imagen que Génesis 1:26.

> «Y sobre la expansión *[rakia]* que había sobre sus cabezas se veía la figura de un trono que parecía de piedra de zafiro; y sobre la figura del trono había una semejanza que parecía de hombre sentado sobre él». (Ezequiel 1:26)

> «Elohim dijo: "Hagamos al hombre a nuestra imagen y semejanza" […] Y así Elohim creó al hombre a su imagen.

A la imagen de Elohim lo creó; hombre y mujer los creó».
(Gen 1:26-27)

La expresión «a nuestra imagen» sugiere que la imagen humana es un reflejo directo de la Shejiná. Al asociar la Imagen Divina a Elohim refleja Biná, el corazón espacial esencial de la manifestación. La creatividad inherente a esta imagen manifiesta la variación de contrastes interdependientes. El espejo que es la base de todos estos reflejos es la Shejiná, que es la presencia de la naturaleza del Ain Sof. Por este motivo los textos sugieren que Elohim ofrece la imagen de YHVH.

Las infinitas variaciones de la Shejiná se insinúan en el contraste entre el versículo 1:26, que afirma «hagamos al hombre a nuestra imagen», y el versículo 1:27 que afirma «hombre y mujer *los* creó». La forma plural representa la aplicación infinita de los reflejos del patrón maestro, que es la función del espacio encinto de Elohim.

En el diagrama de la Imagen Divina, Yesod cae en el centro de la ventana horizontal de la *he* inferior. Ocupa el hueco más bajo en el ruaj. El hueco más alto se halla en Daat, en el centro del travesaño horizontal de la *he* superior. Daat no es una de las diez sefirot ni la undécima sefirá. Es una síntesis de Kéter, Jojmá y Biná, que surge para enlazar con las siete sefirot inferiores. Es el puente entre los dos mundos superiores *(yud-he)* y los dos inferiores *(vav-he)*. Daat permite que la naturaleza superior se integre con el fenómeno de «los días». Es similar a lo que Yesod hace en esos días. Yesod crea la estabilidad que permite que la superior unidad de Daat se haga evidente entre los fenómenos. Entre Daat y Yesod, las aguas se convierten en bitul la una para la otra; los reflejos energéticos corren y regresan en ecos infinitos a través del espacio primordial.

La perfección de Yesod depende del *brit* (circuncisión). Si menospreciamos la aplicación física de la religiosidad (que, aparentemente, no posee una función gnóstica), entonces el acto simboliza perfectamente la purificación de las klipot egoicas. Cuando Yesod está libre de ocultamientos, la unión de la luminosidad y el espacio brilla claramente desde Kéter a Maljut, y el tsimtsum del Ain Sof ofrece solamente una obra puramente aparicional, sin que importe lo que aparezca.

Como quiera que el zivug de los mundos inferiores es necesario para revelar la unión primordial entre Jojmá y Biná, depende de Yesod establecer las condiciones requeridas. A causa de su papel crucial, Yesod también se conoce como «Daat inferior». Esto se hace evidente en la Biblia, cuando la unión sexual se describe como Daat, como en: «El hombre *conoce* a su esposa» *(Daat* literalmente significa «conocer»). La conclusión definitiva sobre Daat –que corresponde al Ruaj Elohim primordial– se alcanza cuando Yesod establece la integración completa de los fenómenos. La pureza de Yesod es la comprensión de que *todas las apariencias son iguales al Ruaj Elohim*. Cuando el tsimtsum del ruaj se convierte en bitul, el estatus primordial de «antes de la creación», literalmente «canta» a través de los seis días y, tal como veremos, el Jardín del Edén es revelado.

En el diagrama de la Imagen Divina, «agua-agua» se anula cuando el ruaj se expande por completo desde Daat a Yesod. Éste es el estado de gadlut (conciencia expandida). Cuando Yesod y Daat están en armonía, Tiféret revela su completo *kavod* (gloria). Esta gama expandida introduce NeHiY y JaGaT en un espectro estable y completo que incorpora todos los fenómenos como «la canción del arcoíris». Este estado se conoce como Ruaj Ha-kodesh (Sagrado ruaj), anteriormente mencionado, que es uno de los múltiples nombres de las profecías. La profecía es gnosis: la capacidad de conocer la naturaleza esencial de cada circunstancia de forma directa. No es la habilidad de predecir acontecimientos futuros, aunque los poderes adivinatorios y la videncia, así como algunas otras habilidades especiales, puedan acompañar la gnosis de algunos tzaddikim.

El tema de los versículos restantes de la narración del sexto día es la dominación del mundo de las apariencias por el hombre. Por supuesto, éste es un tema que ha propiciado el abuso de los fundamentalistas religiosos, que no necesita comentarios. Lo que los seres humanos dominan en la vida espiritual es la equivocada noción de un sujeto separado experimentando por sí mismo un mundo formado por objetos separados y no relacionados. Al cultivar el Ruaj Ha-kodesh, los seres humanos dominan la integración de la energía y el espacio en el proceso cognitivo. Esto se ilustra a través de la repetición de dos de los tres aspectos de la manifestación energética descritos en el tercer día: hierbas con semillas, y árboles que dan frutos que contienen semillas. El pasto queda excluido para mostrar que la vida humana difiere de la de los animales que se alimentan del pasto, porque los humanos se definen, sobre todo, a partir de su participación en ciclos y patrones mayores, que tienen el potencial para dominar. El texto dice:

> «(1:28) Elohim los bendijo y les dijo: "Fructificad y multiplicaos; llenad la tierra, y sojuzgadla, y gobernad sobre los peces del mar, las aves de los cielos, y todas las bestias que se mueven sobre la tierra". (1:29) Elohim dijo: "Ved que os he dado toda planta que da semilla que está sobre la superficie de la tierra, y todo árbol en que hay fruto y que da semilla, para que sean vuestro alimento. (1:30) Y para toda bestia de la tierra, todas las aves de los cielos, y a todo lo que se arrastra sobre la tierra en la que hay un vivo nefesh, todas las hierbas verdes serán su alimento". Y así fue. (1:31) Elohim vio todo lo que había hecho, y vio que era bueno en gran manera. Y fue la tarde y la mañana del día sexto». (Gen 1:28-31)

SEGUNDA PARTE

LA GNOSIS PRIMORDIAL Y SU OCULTACIÓN

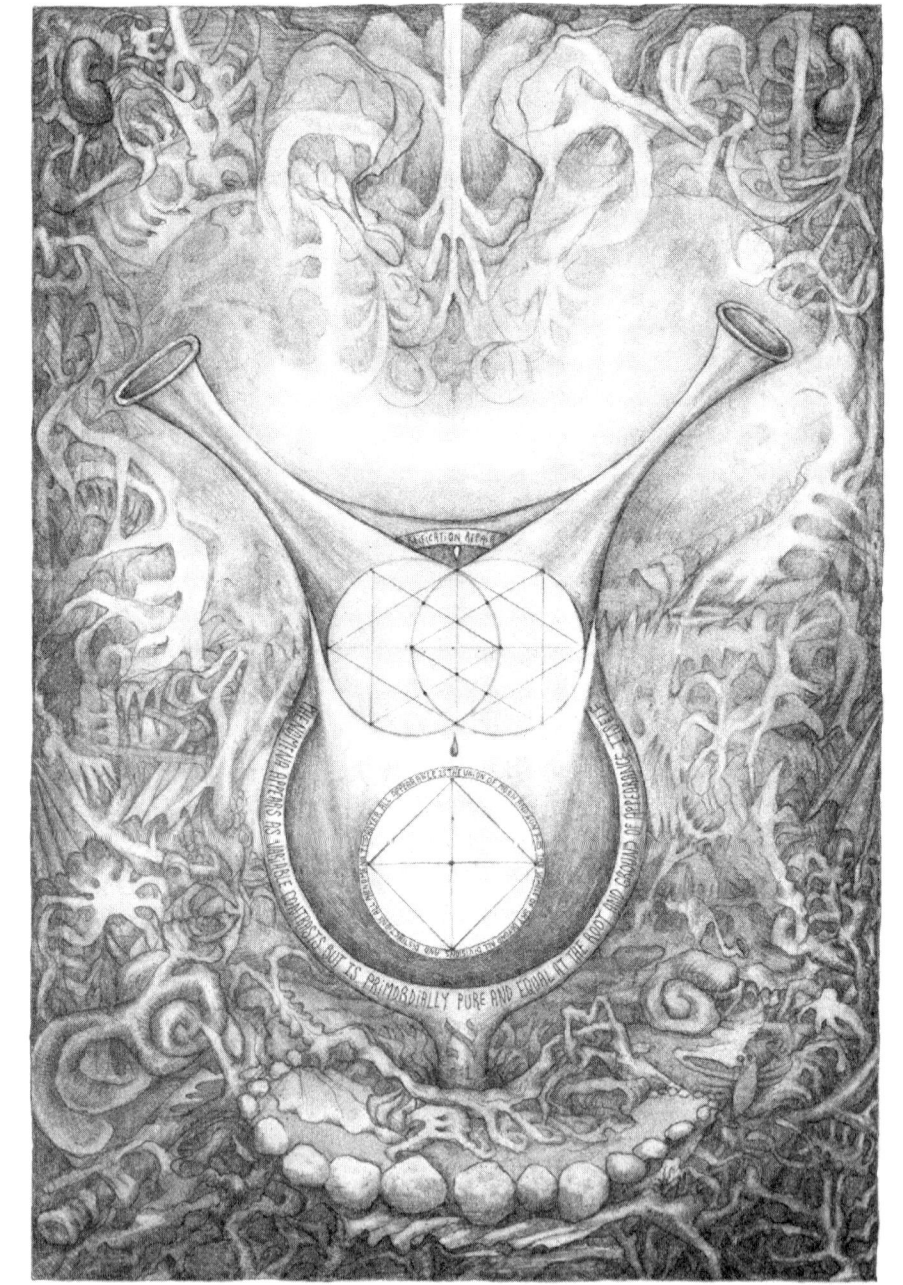

3
El estado edénico
Comentario al segundo capítulo del Génesis

El primer capítulo del Génesis concluye con la imagen más relevante de toda la Biblia: la merkavá de la Imagen Divina. Sin embargo, el cianotipo del proceso creador no está completo todavía. Queda por describirse el séptimo día, correspondiente a la sefirá Maljut. Maljut no está incluida en el primer capítulo porque se relaciona directamente con el tema central del segundo: el Jardín del Edén. Ha quedado claro que Maljut no está separada, de ninguna forma, del espacio primordial de Biná. En este espacio, la actividad de los seis días cesa, y son declarados «Sagrados». Es desde la sacralidad de esta naturaleza esencial desde donde surge el Jardín del Edén. Así pues, el segundo capítulo comienza con el espacio básico de la creación actuando como territorio de todos los fenómenos y variaciones. Estableciendo esta idea como base del resto del capítulo, procederemos a desarrollar la descripción de la naturaleza Divina de la percepción.

> «(2:1) Los cielos y la tierra fueron acabados, y todo el ejército de ellos. (2:2) Elohim completó en el día séptimo la obra que hizo; y reposó el día séptimo de toda la obra que hizo. (2:3) Elohim bendijo el séptimo día, y lo santificó. Se abstuvo de trabajar en toda obra que había creado». (Gen 2:1-3).

El hecho de que cese la actividad simboliza la vasta expansión del espacio en el corazón de todo el movimiento. La narración sugiere que en el séptimo día, el útero del espacio primordial afirma su omnipresencia, y los seis días son bitul para él. Este día de «descanso» no es mero vacío en el que el movimiento es dejado en suspenso. Representa el dinamismo abierto del espacio, que es la vida secreta de los seis días. Este aspecto termina por florecer en el Jardín del Edén, que permite que el espacio encinto revele su infinita belleza.

El espacio de Maljut revela su naturaleza abierta y fértil al aceptar y adaptarse a lo que quiera que hagan los seis aspectos del movimiento. Al «descansar» en el séptimo día, los seis días «regresan» al mismo espacio primordial desde el que surgieron. Nada abandona nunca el espacio básico de la Shejiná. No hay ningún lugar al que ir o del que venir. La naturaleza de la Shejiná invalida la noción equivocada de que Maljut y Biná son el «principio» y el «final» de un proceso lineal.

> «Diez sefirot de nada: su final es contenido en su principio, y su principio en su final, como la llama de carbón ardiente».
> *(Sefer Yetzirá)*

La creación cósmica es bitul para la vasta expansión del Ain Sof. Incluso así, cada forma y sensación posible surge. Ésta es la paradoja inherente a la Shejiná, que «habla» sin romper nunca el silencio primordial de su naturaleza. Sobre esta base se desarrolla el Edén.

> «Ésta es la historia de cuando fueron creados el cielo y la tierra, el día que YHVH Elohim hizo la tierra y los cielos».
> (Gen 2:4)

El versículo 2:4 presenta el *continuum* de las siete sefirot inferiores desde dos perspectivas que «corren y regresan». El sintagma «el cielo y la tierra» está seguido de «la tierra y los cielos». Esta secuencia se relaciona con el funcionamiento de la energía. Debemos comprender esto antes que cualquier otra consideración sobre la gnosis, o comenzarán los equívocos. Los mundos ascienden y descienden desde esta línea, igual que los fenómenos se manifiestan y se disuelven. La mente trata de conocer y luego se retira a descansar sobre alguna forma de conocimiento. Para la percepción convencional, la actividad oscilatoria parece salir de una «entidad» ficticia para encontrarse con los pensamientos, sentimientos u objetos que comprende. Sin embargo, desde la óptica de la unidad radical, no existen tales orígenes o destinos. La igualdad Divina no posee ubicación, es ubicua al espacio infinito.

La secuencia de este versículo muestra dos direcciones. La primera (el cielo y la tierra) sugiere el descenso a la manifestación, como se ha presentado en el primer capítulo. La segunda (tierra y cielos) sugiere la dirección contraria, es decir, Maljut ascendiendo. El versículo es como un espejo que refleja la creación en sí misma. La primera dirección sugiere el proceso de ser; la segunda, la lucha por la adaptación que busca alcanzar la naturaleza Divina o que se atasca en algún punto del camino. La oscilación entre ellas alude al aspecto reflectante de la mente, que refleja los fenómenos por costumbre. La gnosis es la igualdad entre ambas direcciones, que se reconocen mutuamente como bitul. En este estado, las palabras que marcan sus diferencias pierden todo su sentido relativo. En el estado gnóstico, el correr y regresar de la energía revela la claridad definitiva del espejo de la Shejiná sin ningún tipo de oscurecimiento.

Encontramos reminiscencias de la relación entre las direcciones en la famosa *Tabla Esmeralda* de Hermes Trismegisto, uno de los grandes tratados alquímicos, al que se le atribuye un origen antiguo:

> «Lo que está abajo es como lo que está arriba, y lo que está arriba es como lo que está abajo. Actúan para cumplir los prodigios del Uno». *(Tabla Esmeralda)*

Desde la perspectiva de la gnosis, la manifestación es la gloria de la Shejiná. Esto se indica añadiendo la letra *he* a las palabras «*el* cielo y *la* tierra» en la primera dirección. La *he* se emplea como prefijo para indicar el artículo determinado *(la* tierra), ya que es *«Ha-aretz»* y no solamente *«aretz»* (y lo mismo sucede con la palabra «cielo», que en hebreo aparece escrita con el artículo *Ha-shemayim*). Esto resulta en *«el* cielo y *la* tierra».

Las *he* empleadas en la primera dirección indican que el corazón de la presencia de la Shejiná es la base primordial de los fenómenos. En la segunda dirección existe una tendencia a que esto se vea oscurecido. La ausencia de las *he* en la segunda dirección (tierra y cielos) nos recuerda que el regreso ascendente se extravía más a menudo en la creencia en apariencias separadas, que hace perder de vista el espacio madre. Antes de que podamos empezar a comprender el estado edénico, debemos entender la condición actual del ser humano. Esto está simbolizado por la pérdida de las *he* en el regreso ascendente hacia la naturaleza Divina. Sobre la base de la comprensión de esta pérdida podremos lograr un mayor refinamiento.

En el versículo 2:4, el Nombre Divino deja de ser Elohim, empleado únicamente en el primer capítulo, para convertirse en YHVH Elohim. Esto es de una importancia crucial. Este nombre compuesto se usará a lo largo de los capítulos segundo y tercero. Representa un cambio, pasamos de la articulación del cianotipo de la creación a la exposición del fruto de dicho proceso.

A cierto nivel, los nombres YHVH y Elohim plantean un contraste. YHVH representa la «entrega» de la oportunidad creadora asociada con el lado derecho. Elohim representa la contextualidad del espacio que estructura esa creación y se asocia al lado izquierdo. Por lo tanto, el nombre compuesto YHVH Elohim expresa armonía consistente en la interdependencia de las dos partes. Esto es indicativo de la disposición interior del Edén. La variación estructural del Edén revela directamente su naturaleza esencial y lo hace sin conflicto. Desde este punto en adelante, la narración expresará esta perfección armónica, hasta que llegue a parecer que su unidad, de hecho, incluye la imperfección. Este duro descubrimiento constituirá el tema del tercer capítulo.

> «Y toda planta del campo antes que fuese en la tierra, y toda hierba del campo antes que naciese; porque YHVH Elohim aún no traído la lluvia sobre la tierra, ni había Adán (hombre) que labrase la tierra». (Gen 2:5)

El versículo 2:5 inaugura la narración que describe el Edén de forma explícita. El primer capítulo desplegaba una visión estructural de la creación, basada en la correspondencia con las sefirot. Los capítulos segundo y tercero aplican esta estructura para un retrato alegórico de la cognición y sus manifestaciones. En este retrato, el orden prístino de las sefirot es vuelto del revés para formular la pregunta sobre cuál es la verdadera función de la mente.

La narración comienza con la metáfora temporal de un estado «anterior» a que las plantas y la hierba del campo brotasen. Ésta es una ventana más allá del tiempo, que nos conduce al estado primordial de la Shejiná. Corresponde con la Daat primordial y su Ruaj Elohim, que está lleno del potencial para generar especificidad creativa. Como potencialidad indiferenciada, representa la condición «anterior» a que la percepción fuese definida por conceptos o construcciones mentales.

La perspectiva de Daat nos ofrece una vista de pájaro desde la que podemos contemplar la imaginería que se abordará en los siguientes versículos. Lo que vemos a través de este portal es una serie de símbolos extremadamente densos y con muchas capas de significado. En primer lugar, el «campo» en el que las plantas crecerán es el campo de la percepción. Está comprendido entre las seis sefirot centrales y Maljut, pero hace especial énfasis en el espacio de la Shejiná desde el que se manifiesta el terreno al completo. Las «plantas» son los seis aspectos del movimiento cognitivo, que diferencia el espacio básico del campo.

Las plantas sólo pueden florecer si el campo posee los nutrientes apropiados. Y el único nutriente auténtico es la conciencia incesante de su naturaleza esencial, que procede de más allá de cualquier circunstancia superficial. Estos nutrientes toman la forma de la necesidad de lluvia que cae desde las aguas superiores, a partir de las que se sugiere una relación con el esfuerzo humano. La conexión implícita entre la lluvia y el «hombre que labrase la tierra» se encuentra en el tuétano de este comentario. El mundo que los seres humanos conocen es el producto del trabajo de sus mentes. El potencial indiferenciado del Ain Sof surge como un universo de apariencias diversas sólo a través del movimiento activo de la percepción. Este trabajo «abajo» trae la lluvia desde «arriba». Esta relación se debe comprender para poder captar el significado del resto del capítulo.

El agua que actúa como sustento del campo es la recompensa del potencial espiritual llamado *shefa* (fuerza bendita). Es la savia de la actividad creadora, la continuidad fluida de las aguas superiores de la tríada superior que empodera directamente las apariencias de Maljut. El versículo 2:5 afirma que YHVH Elohim trae la lluvia, pero en un sentido profundo implica que es dependiente del comportamiento humano. Para poder penetrar en esta relación, en primer lugar debemos definir qué entendemos por «humano».

La palabra para referirse a la vida humana en su forma esencial es *Adán* (ADaM). A pesar de la creencia popular errónea, Adán no es un ser humano concreto, ni la colectividad humana en un sentido junguiano. Adán es el eje entre el potencial cognitivo sin límites y las limitaciones temporales de la mente. Adán es una pregunta abierta. Él es la oportunidad de expresar la merkavá de la Imagen Divina. Sin embargo, la pregunta quedará pendiente de responder hasta que alcance la plenitud de su naturaleza esencial o sucumba a los hábitos que la oscurecen. El valor de Adán en la metáfora edénica es principalmente que hace irrelevante prestar atención a los arquetipos junguianos o al enfrentamiento entre identidad colectiva e individual.

La estructura cabalística de Adán es compleja. Aunque Adán encarna la Imagen Divina completa, sitúa su foco en el mundo de yetzirá (Tiféret). Éste es el contexto fundamental de la expresión edénica. El aspecto primario que expresa Adán, al menos en este punto, son las seis sefirot del ruaj. Su trabajo es el cultivo de la gnosis, que se simboliza al traer shefa a la tierra. Así, el rol de Adán es proveer para Maljut y, al hacerlo, se unifican las aguas superiores e inferiores.

La recepción de shefa de Maljut es, de hecho, parte de Adán. Adán «contiene» Maljut y de este modo representa toda manifestación. Veremos que la relación entre las seis sefirot primarias de Adán y Maljut cambia más adelante, en el mismo capítulo, cuando su mujer es extraída del propio cuerpo de Adán. Esto ilustra que ella sigue estando en él, siempre lo ha estado y siempre lo estará. Sin embargo, en este punto, ella permanece como un aspecto latente en Adán hasta que llegue el momento en el que los dos aspectos sean examinados el uno en relación con el otro y su relación se convierta en el tema principal. Recordemos, el punto de vista desde el que abordamos esta fase del segundo capítulo del Génesis es el de Daat, que sostiene las siete sefirot de la manifestación desde el punto de vista del Ruaj Elohim.

La conexión inherente de Maljut con Biná se expresa por la necesidad de la tierra de nutrirse de agua. Adán representa el potencial para conectar lo de arriba con lo de abajo, y revela la completa unión de las cosas. Su posición central expresa el significado interno del Edén, que observa todos los fenómenos desde el punto de vista del puro potencial gnóstico. Si esto se entiende, puede quedar claro que el Edén es un aspecto del propio Adán. Él es el vínculo que posibilita que todos los símbolos mencionados hasta ahora sean incluidos en una gran merkavá única.

Lo que sigue, en el versículo 2:6, altera la estructura de la imaginería que se ha examinado previamente. La inminente alimentación de la tierra mediante la lluvia se muestra de la forma más inesperada –*sube* desde la tierra en lugar de caer desde arriba–, en forma de «niebla». Esta distinción marca un cambio de tendencia importante. Lleva al lector a esperar una relación lineal entre arriba y abajo. Hace notar al lector que *lo de arriba es lo de abajo,* y simplemente afirma su absoluto.

Este punto de transición invita al lector a una visión edénica según sus propios términos, es decir, la exposición visionaria del mundo de la energía yetzirética.

> «Mas subía de la tierra un vapor, que regaba toda la faz de adamá (la tierra)». (Gen 2:6)

La imagen de la tierra alimentándose de agua a sí misma es muy potente. Refuerza la idea de que la fuente de shefa es efectivamente adireccional y trasciende los puntos de referencia de la lógica conceptual. La fuente de shefa es la Shejiná omnipresente. Al contemplarlo, se rompe la rígida separación entre lo de arriba y lo de abajo, que es la línea divisoria más común entre dios y la creación en la simbología exotérica. A través del autorriego del campo de las apariencias, la Shejiná surge como simultaneidad de las aguas superiores e inferiores. Es la propia agua, en contraposición a «agua-agua». Esta simultaneidad es igual al nonato Bereshit. Puede aparecer en cualquier parte, en todas partes o en ninguna parte, sin importar las divisiones aparentes.

La tierra primordial autorregada sustenta el séxtuple «crecimiento vegetal» del estado edénico. Comprender las implicaciones simbólicas de la tierra es clave para comprender la alegoría edénica al completo. La palabra hebrea para el pasto o el campo del que dependen las plantas es *adamá*. La adamá es, literalmente, «el terreno de los fenómenos». Llegar a conocer (o ignorar) ese territorio es el factor catalizador que determina si un ser humano será un materialista nihilista, un consumidor inconsciente, un religioso diletante, si tendrá aspiraciones místicas o, simplemente, estará interesado en salir de fiesta. Dicho hallazgo también gobierna si el mundo se comprende como algo aleatorio, como fragmentos de algo material o como la obra mágica del Ain Sof, el resultado de cómo la adamá «riega» la percepción.

La palabra «adamá» incluye el nombre de Adán (Adam, en hebreo) y le añade una *he* final. Así, podríamos leerla como *Adam-He* (ADaM-aH). De este modo incorporaría tanto el movimiento perceptual como su exposición aparicional. Ésta es la base del «campo». También ilustra el rol de Adán como parte integral e igual de la forma de la tierra. La idea de que la conciencia es la llave de la apariencia del mundo es una ideal radical para los estándares populares, incluso Heidegger estuvo muy cerca de afirmarlo hace casi un siglo. Independientemente, los místicos judíos de la Antigüedad ya sostuvieron esta idea antes del período del Segundo Templo, como demuestran textos como el *Sefer Yetzirá*.

El versículo 2:6 precede un gran cambio en la narración. La adamá se está expresando desde el punto de vista de Daat, que es «anterior» a que Adán aparezca en la historia. Esta perspectiva sostiene la conciencia como un potencial indiferenciado, y nos presenta a Adán desde un punto de vista especulativo. El siguiente versículo da inicio a una progresión hacia la diferenciación cognitiva en la que Adán se convierte en un elemento activo y actúa.

Antes de que esto suceda, será útil revisar las funciones del ser humano de acuerdo a los cabalistas. Los cinco niveles que articulan los modos de funcionamiento de la mente se ofrecen con mayor detalle más adelante, como preámbulo del relato que se avecina:

NIVEL	SEFIRÁ	FUNCIÓN
1. Yejidá	Kéter	Esencia nonata *(pura potencialidad consciente)*
2. Jayá	Jojmá	Naturaleza dinámica *(puro conocimiento)*
3. Neshamá	Biná	Espacio axiomático *(capacidad de pensar)*
4. Ruaj	Las seis centrales	Movimiento perceptual *(acción de pensar y sentir)*
5. Nefesh	Maljut	Exposición de la presencia vital *(exposición aparicional)*

Los dos últimos niveles constituyen el terreno de la percepción, que es tomado como «realidad» convencional por los seres humanos. Está formado por el ruaj (el movimiento de la mente en la formación de pensamientos y sentimientos) y el nefesh (la presencia vital que se muestra como resultado del movimiento). Ruaj y nefesh juntos se conocen con el acrónimo NeR. Ner también significa «lámpara», que es una forma de expresar la idea de luz. El simbolismo debería resultar evidente.

Más allá del ámbito de la NeR está *neshamá*. La neshamá de una persona es un gran misterio. Ni es la persona ni lo contrario. La neshamá, fundamentalmente, es el espacio abierto de la Shejiná, que está lleno con toda la sabiduría de Bereshit. Puede convertirse en cualquier cosa, pero cuando las causas y condiciones imponen limitaciones debidas a los hábitos, se sitúa dentro de los límites de la vida humana ordinaria. Sólo los grandes tzaddikim logran el conocimiento inherente a la neshamá. Desde esta base se revelan los secretos de los niveles superiores. Sin las limitaciones oscurecedoras que producen los hábitos egocéntricos, la mente es libre.

Una NeR ordinaria es el resultado de hábitos cultivados durante muchas vidas. No hay un dios externo al que culpar. Cada persona construye su propia realidad y debe asumir la responsabilidad por ello. Por consiguiente, el hábito es el principal factor del crecimiento espiritual. Éste es el tema central del tercer capítulo del Génesis en el que se describe el oscurecimiento del estado edénico, que no es otra cosa que el hábito de la ocultación.

Nefesh, ruaj y neshamá anhelan expresar libremente la luz del Ain Sof, que es su naturaleza esencial. Estos tres niveles en conjunto se conocen como *NaRaN (nefesh-ruaj-neshamá)*. Para un tzaddik, NaRaN es bitul para el Ain Sof. Es el conducto que hace brillar la luz de los dos niveles superiores (Kéter/*yejidá* y Jojmá/*jayá*) en las vidas de los demás y en su beneficio. Es pura compasión. Un tzaddik no es nada más que esto, como sugiere el rebe Nahmán en el siguiente fragmento:

«¡Conoce! Hay una luz más grande que nefesh, ruaj y neshamá. Es la luz del Ain Sof. Y a pesar de que el intelecto no puede comprenderla, la mente no deja de perseguirla. Y en virtud de esta persecución, el intelecto es capaz de comprenderla "alcanzándola pero sin alcanzarla". Lo cierto es que no es posible comprenderla porque se encuentra por encima de nefesh, ruaj y neshamá. ¡Y conoce! Es imposible comprenderla incluso alcanzándola pero sin alcanzarla, excepto al realizar buenas acciones con alegría». *(Likutey Moharan)*

Los niveles más sutiles de jayá y yejidá son aspectos indiferenciados de la naturaleza esencial del Ain Sof, que trasciende completamente el pensamiento y la percepción. El rebe Nahmán señala que no es otra cosa que la pura alegría, que es la dicha de la naturaleza de la mente. Las personas corrientes no saben nada de esto, pero pueden sentir su cercanía de una forma oblicua. Surge en nuestras vidas como el deseo de ser felices. ¿Qué es la felicidad? ¿Puede ser otra cosa que saber que la esencia y la naturaleza de la creación está implícita en todos los fenómenos? El mensaje central de la alegoría edénica es que cuando la percepción no oscurece la Divinidad, *todo es gozo*. De hecho, la palabra *Edén* significa «placer».

Nos referimos a la Divinidad como «buena» porque esto expresa su naturaleza. Su naturaleza es radiante, creativa, juguetona y vívida. Cuando no son ocultados por preocupaciones egoístas e ilusiones, todos los fenómenos son el Jardín del Edén. Éste es el estado del tzaddik, y la cuestión del destino de Adán. Incluso en los campos de concentración, con el tormento de los nazis cayendo a plomo sobre ellos, los tzaddikim que se encontraban apresados nunca se apartaron del gozo Divino. Esto es porque su gozo no depende de ninguna circunstancia o condición; es la naturaleza de todas las condiciones. Esta alegría indestructible, intemporal e intangible es literalmente el corazón de la Shejiná que espera ser reconocido.

La siguiente sección marca otro cambio sustancial. En el versículo 2:7, Adán es creado; literalmente encarna la adamá impregnada de shefa. Esto es de una importancia crítica: Adán es Shejiná encarnada. Entonces, el punto de vista cambia a Tiféret, que es el punto focal de Adán. Nos brinda la oportunidad de estudiar la Shejiná a través de la perspectiva de Tiféret, que es la clave para la expresión de su gloria. Esto inaugura el estudio de aspectos específicos del proceso cognitivo, simbolizados por la experiencia de Adán en el Edén. Comienza de forma clara en este versículo:

> «Formó, pues, YHVH Elohim al hombre del polvo de adamá, y alentó en su nariz un soplo de vida; y fue Adán un alma viviente». (Gen 2:7)

El retrato de Adán como la merkavá de la Imagen Divina es el núcleo de la visión edénica, y aquí se afirma a sí misma. A partir de aquí, todos los símbolos contenidos en la narración se brindarán desde el punto de vista del estado cognitivo de Adán, incluyendo los símbolos de la tierra y del Edén.

En 2:7 parece que la tierra se alce como Adán, pero de hecho, es al contrario. Adán es la actividad del movimiento de la mente. Es la sinergia autosurgida entre adamá y el aliento de vida. Encarna la preciosa agua primordial contenida en la adamá, que es la base superior de Maljut. Esta sabiduría en forma de agua es el vivo poder de Bereshit. Adán surge de la unificación de dos símbolos importantes: la *tierra húmeda* y el *aliento de vida*. Su interacción está relacionada con el simbolismo de la reproducción masculina y femenina. El aliento de vida funciona como «semilla» y la tierra es la apariencia del «útero». El versículo 2:7 establece entre estos elementos una relación vertical: la semilla entra desde «arriba» y el útero la recibe desde «abajo». Sin embargo, el útero y la semilla son coemergentes e inseparables. Su simultaneidad está implícita. Tener claro este punto de vista permite que la imagen funcione de forma no dualista.

La penetración de la intangible potencialidad del aliento en la fertilidad abierta de la tierra no es lo que parece. A pesar de su apariencia literaria, esta relación es más que una relación causa-efecto ordinaria. Representa un continuo autogénesis. Para entenderlo apropiadamente, debe tenerse en consideración la naturaleza esencial de la creación como el corazón de las apariencias. Si se contempla su sabiduría, entonces la simultaneidad resuena en la metáfora y el matrimonio del aliento y la tierra muestra la fertilidad ilimitada de Bereshit. La correspondencia cabalística habitual indica que el aliento de vida es Kéter, la tierra es Maljut, y Adán es Tiféret, lo que los unifica. Sin embargo, no es tan sencillo. Más allá de la correspondencia, se halla la tensión creadora primordial que encontramos en el corazón de todos los contrastes. Adán personifica esta tensión fundamental, que es la base para el movimiento cognitivo. Asume sus cualidades a través de la actividad de correr y retornar. Desciende desde «el cielo a la tierra» o asciende como «tierra al cielo».

En un nivel más profundo, el aliento de vida presenta el aspecto seminal de *yud*, que inicia y cataliza el crecimiento, y la tierra corresponde a la apariencia de *he*. Juntos, proyectan la viva «sangre del espacio», inherente a todas las variaciones contextuales. Su esencia común está representada por la arista superior de *yud*, de la que derivan todos los caracteres hebreos (podemos verla gráficamente en la parte superior izquierda de cada letra). El aliento de vida expande el «punto original» y presenta una oportunidad para ver directamente en el Ain Sof. Es sinónimo de la *avira*, el espacio luminoso esencial mencionado en el Zohar. La avira es la base del espacio y de la luz. En el Zohar se la menciona en la descripción del nivel de Kéter:

> «El Ain Sof se arranca de sí mismo como la avirá, revelando el punto de *yud*. Una vez que esta *yud* se expande, lo que quedó fue la luz (aur) del misterio de la avira oculta». (Zohar)

La palabra *avira* es a menudo traducida como aire, atmósfera, brillo o «aura». En arameo, la palabra se escribe *alef-vav-yud-resh*. Estas letras forman la palabra *aur* (luz) con la *yud* al margen (AVYR = AVR + Y). La ecuación del Zohar implica que existe una relación esencia-naturaleza entre la avira y su radiante luminosidad. La avirá corresponde a Kéter, el «punto original» de *yud*, que irradia su naturaleza luminosa (Jojmá). La avira es vista como una relación que va de Kéter a Jojmá: *yud* + *aur*. Lo escrito en el Zohar implica que la avira es esencialmente la pura potencialidad del Ain Sof, que es la raíz tanto de la luz como del espacio. La avira es la *yud* completa, que es la raíz de sus padres superiores. Esto es visto como que la *yud* oculta la *he* en el interior de su nombre (YVD: V + D = H, con una Y al margen para su propia impregnación).

En términos humanos, la avira es conciencia pura y no condicionada, que irradia su conocimiento prístino como todos los contextos posibles, incluyendo aquellos que la oscurecen y la obstruyen. Es una unidad perfecta, que incluye la posibilidad de la imperfección (desde un punto de vista convencional). Y éste es otro indicio del significado profundo del tercer capítulo del Génesis. Podemos entender la avirá también a través de un importantísimo texto del siglo XIII titulado *La fuente de Jojmá*:

> «Antes que ninguna otra cosa, fue la avira, que es el principio raíz. A partir de ella emergió la luz, más refinada que miles, miles, miles y decenas de miles de miríadas de tipos de luz. Esto es la avira primordial *(avir kadmon)*, el principio raíz. En consecuencia, es llamada aliento Sagrado». *(La fuente de Jojmá)*

La avira expresa luz de la misma forma que la adamá se riega a sí misma. La tierra que se riega a sí misma enfatiza que todos los fenómenos contienen la posibilidad. Estos símbolos no están limitados por la lógica del movimiento temporal. Muestran completitud desde el principio. Adán no es la «consecuencia» de que la avira encuentre la tierra. Él es una muestra que surge de su naturaleza que se riega a sí misma. Si esta metáfora se reduce a un proceso mecánico ordinario se perderán las sutilezas de estos potentes símbolos místicos.

Todos los contrastes reproductivos están representados por la letra *bet* de la palabra *Bereshit*. El valor numérico de la *bet* es dos, que simboliza la polaridad interactiva de lo masculino y lo femenino. Los dos compañeros son una unidad que trasciende los extremos, por lo que el número dos representa una paradoja aparicional. Esto también se refleja en el significado esotérico de *bet*, que es «casa». En un sentido convencional, una casa es un contenedor. Separa lo que está dentro de lo que está fuera de ella. Adán encarna el espacio básico de la Shejiná, que está más allá de lo que puede ser contenido, aunque todo lo que aparece contenido, aparece en él. Todos los constructos «los que contienen y los que son contenidos» son espacio encinto ellos mismos. El espacio aparece como una cadena sin fin de contenidos, pero su naturaleza trasciende cualquier apariencia. La luz aparicional inherente al espacio es coemergente a él. Ésta es la esencia del «dos», que es la «casa» en la que las bodas alquímicas tienen lugar. La *bet* de Bereshit representa la paradoja «en» la que el continuo reshit-inicio se manifiesta. Esto queda doblemente reforzado por la correspondencia entre reshit y Jojmá, que es la sefirá número dos.

Adán es la casa que explota más allá del sueño humano del confinamiento. Es el potencial gnóstico de los seres humanos. Surge como la simultaneidad de la adamá que se riega a sí misma. Adán es tanto lo que contiene como lo que es contenido, y de esta forma, representa aquello que es libre. En este sentido, Adán es el Edén. El mundo surge de acuerdo a lo que la mente percibe. El Zohar sugiere esto con la imagen del gusano de seda, cuyo cuerpo esconde una sustancia que se convierte en el capullo que lo contendrá:

> «La luminosidad siembra semillas para su propia gloria, como la semilla de seda fina púrpura que se envuelve a sí misma, tejiéndose un palacio». (*Zohar*)

El rol de Adán como Tiféret expresa la completa armonía que se extiende entre Maljut y Kéter. Este puente con la completitud de la Imagen Divina es donde la percepción puede conducirnos. La narración invita a los seres humanos a vernos a nosotros mismos en esta posición. La comprensión intelectual de la gnosis es el primer paso, pero finalmente la percepción nos retará con divergencias que no pertenecen al ámbito teórico. La cognición debe estar dirigida a revelar su naturaleza. Esto es lo que sucede en la narración. El potencial gnóstico de Adán se pondrá a prueba de esta forma en la siguiente parte del capítulo.

El zivug de *vav* y *he* es un espejo inmaculado que refleja la pureza primordial de *yud-he*. Por este motivo, la futura relación entre Adán y Eva tendrá una importancia crucial. Si la completa expresión de YHVH es realizada, la mente se convierte en una merkavá de la completa floración del Ain Sof. En este sentido, la naturaleza esencial de la mente equivale a su gnosis. Adán es el pilar entre la completitud y la fragmentación. Ésta es la naturaleza del libre albedrío creador de los humanos y su poder de elección. Para alcanzar su naturaleza sublime de una forma viva, la gnosis debe abarcar la completitud de la vida, desde su facticidad terrenal hasta su esencialidad primordial. No se trata de una fantasía escapista; no somos conducidos del trabajo diario a la supresión del sufrimiento. La gnosis amanece en el interior de cada fenómeno que los seres fijamos y a través del que sufrimos. Las aguas superiores no se pueden extraer de los reflejos de las aguas inferiores. Evitar la falacia de «agua-agua» requiere una completa merkavá. La oportunidad definitiva para el crecimiento humano es la sinergia entre la mente y las apariencias del espacio físico, que es análoga a la sinergia entre el aliento de vida y adamá.

> «Y había YHVY Elohim plantado un jardín en el Edén, en el este, y puso allí al hombre que había formado». (Gen 2:8).

La imagen del jardín surge en el versículo 2:8. Adán y su entorno poseen una naturaleza igual y no pueden ser separados, pero en la narración aparecen separados por un motivo. Para mostrar cómo opera el teatro de la percepción: en la vida, los reflejos de los fenómenos asumen roles externos e internos; afirman una unidad central en la gnosis del zivug, que se produciría en dos fases. La primera está simbolizada por la relación de Adán con el jardín y su contenido, y la segunda estaría simbolizada por la relación con su mujer. Estas fases intentarán consumar el zivug de distintas formas, pero ambas hallarán obstáculos que reflejan los hábitos conceptuales humanos, que imposibilitan la gnosis. Esto se hará evidente en el tercer capítulo.

El zivug edénico se refleja en el nombre «Jardín del Edén». El nombre posee dos partes: «Edén» se corresponde a Tiféret, y «jardín», a Maljut. Como ya se ha dicho, Edén es un sinónimo del mismo Adán y de su foco en Tiféret. La apariencia del jardín está implícita en su interior (como su presencia vital), pero finalmente emerge para enfrentarse a él. El estado edénico de Adán es sólo potencial hasta que la prueba de conocimiento lo coloca, en un sentido alquímico, «en el fuego» de la percepción actual. Como reflejos de la misma esencialidad primordial, la interacción de Adán con el jardín arrojará una pregunta básica: ¿qué hará la mente cuando se enfrente a la visión de un fenómeno que parezca real e independiente? Ambos aspectos arrastran las consecuencias de esta cuestión.

Resaltar Maljut para oponerla a Adán es la primera fase de su maduración. Esto se le ofrecerá cuando su esposa comparezca para su zivug. En ese punto, deberemos apreciar cómo estos símbolos reflejan nuestras propias mentes. La apariencia de Maljut se encuentra latente en Adán cuando éste se halla en el umbral de la acción. Hay dos direcciones que puede tomar: la gnosis o el egoísmo. Todos poseemos la capacidad para la gnosis edénica, pero se encuentra latente. Debe ser liberada, cultivada y comprendida o será solamente una oportunidad perdida. Reconocer la brillante vividez de la percepción, al reconocer el espacio que la manifiesta, es una fase de nuestra propia maduración.

La alegoría del Edén se centra en el ruaj (movimiento creativo y perceptual) y su relación con su naturaleza primordial. La pregunta es si emerge una base común o el ruaj deviene caos. La mente manifiesta su entorno de acuerdo a su disposición. Cualquiera que sea el contexto externo que perciba un ser humano, siempre será una exposición de su estado espiritual y cognitivo. Quién somos y lo que somos determinan el tipo de mundo que recibimos. El estado de Adán es el potencial para Ruaj haKodesh (Ruaj Sagrado). Hasta este punto de la narración, Maljut no ha supuesto un conflicto abierto. Esto cambiará en los últimos versículos del segundo capítulo. Por lo pronto, el texto comenzará a prepararse para afrontar esas tendencias restrictivas que definen el sufrimiento humano y los hábitos que lo causan.

El jardín se encuentra en dirección *este*. La designación del este se corresponde con Tiféret en la literatura cabalística, así como el sur es Jesed, el norte es Gevurá, el oeste es Yesod, arriba es Netzaj y abajo es Hod. Las seis direcciones configuran la amplitud de Tiféret, ya que Tiféret es la sefirá número seis y el valor numérico de *vav* es seis. Esto evidencia que el Edén es el símbolo definitivo del reino puro de yetzirá: un estado de apariencia energética que extiende su naturaleza esencial. El Jardín del Edén es sinónimo de la capacidad de manifestar visiones infinitas pobladas con inagotables formas de existencia. Estos reflejos oníricos son el dominio del ruaj, un reino visionario de belleza absoluta.

Los intentos artísticos de aproximación a este estado visionario son abundantes. El Jardín del Edén es sinónimo de imaginación en el arte occidental, en el que cualquier imagen concebible puede ser deseada y convertida en realidad. Por ejemplo, las pinturas de Hieronymus Bosch (El Bosco), las de los pintores italianos del siglo XIII al XVI, o los trabajos de los surrealistas podrían ilustrar esto.

Los siguientes versículos marcan otra etapa en la maduración de Adán. Para poder entenderlo, podemos comparar el versículo 2:9 con dos versículos posteriores (2:16-17). Esto nos proveerá un marco que nos permitirá seguir el salto que va a producirse en el capítulo.

«YHVH Elohim había hecho nacer de la adamá todo árbol delicioso a la vista, y bueno para comer: también el Árbol de Vida en mitad del jardín, y el Árbol de Daat del Bien y del Mal». (Gen 2:9)

Y:

«(2:16) Y mandó YHVH Elohim a Adán, diciendo: "De todo árbol del huerto comerás; (2:17) mas del Árbol de Daat del Bien y del Mal no comerás de él; porque el día que de él comieres, morirás"». (Gen 2:16-17)

En los versículos que se encuentran entre el 2:9 y el 2:17 hallamos uno de los relatos bíblicos más potentes espiritualmente, pero también uno de los más malinterpretados. Antes de comenzar, debemos contemplar cómo nuestra propia condición actual contrasta con la visión del Edén. El Jardín del Edén representa el estado prístino de la perfección cognitiva. Es el estado en el que nuestras propias mentes se manifestarían espontáneamente si no fuese por las ocultaciones llevadas a cabo por nuestras fijaciones dualistas. Muy pocos seres humanos se han dado cuenta de que es mejor asumir que no sabemos prácticamente nada sobre esto. Considerarlo como la más sublime de las aspiraciones nos permite llevarlo en nuestros corazones como el anhelo y el objetivo definitivo de nuestras vidas. Ésta es la actitud del practicante místico. Si utilizamos el reconocimiento de nuestro estado actual como metro patrón para descodificar estos símbolos, que representan un significado auténtico, entonces el texto cobrará para nosotros una significación mayor que la del mero interés intelectual. Entonces, permanecer en sus palabras puede tornarse una práctica contemplativa real por derecho propio.

La incapacidad de reconocer y sostener el estado idílico del Edén es el tema del tercer capítulo, pero sus raíces se encuentran en estos versículos del segundo. Así es, precisamente, como la religión exotérica se extravía, al cometer una serie de errores que conducen a algunas asunciones cruciales que resultan destructivas. Éste es también el punto del texto en el que el contenido gnóstico se hace más directo y explícito. Todo depende de cómo se interprete un simple símbolo contenido en el verso 2:17: el fruto de un árbol que está prohibido comer.

El versículo 2:9 afirma que el Árbol de la Vida está situado *en mitad* del jardín. La atribución del medio corresponde al corazón de la visión edénica, que surge del zivug entre el movimiento luminoso y el espacio. Entonces, ¿dónde está el otro árbol, el Árbol de Daat? Los textos cabalísticos no se ponen de acuerdo a este respecto. Algunos asocian el Árbol de la Vida a Tiféret y el Árbol de Daat a Yesod. Otros sitúan el Árbol de Daat en la periferia a ambos lados del árbol central, como un muro protector, como si el Árbol de Daat representase la derecha y la izquierda, con el Árbol de la Vida entre ambas. Todos los cabalistas proclaman que ambos árboles comparten una raíz común, bajo la tierra. Esto es porque la adamá es la unidad en sí misma. Sin embargo, existe una clara división entre sus formas de «crecimiento». Tanto la unidad como el caos son vectores posibles para la percepción. Así, la conclusión que debemos alcanzar es que el Árbol de Daat, decididamente, no está en el centro del jardín, ya que allí se encuentra el Árbol de la Vida.

Si continuamos hasta el versículo 2:17, encontramos un claro edicto que prohíbe comer el fruto del Árbol de Daat. Esto se aplica únicamente al Árbol de Daat, porque este árbol ofrece solamente el engañoso Daat (conocimiento) de la dualidad. No dice nada contra comer del Árbol de la Vida. Se espera que Adán tome parte del Árbol de la Vida; de hecho, parece que sea su deber hacerlo. El Árbol de la Vida representa la merkavá sefirótica que refleja pura creación y la propia imagen de Adán. Refleja el zivug de Adán y su entorno, el zivug del Jardín y el Edén. El Árbol de la Vida es literalmente el *conocimiento reflectante* que despierta la mente hacia su propia naturaleza. A través del Árbol de la Vida, la mente puede reconocer el abierto conocimiento primordial, y en consecuencia, puede evitar cualquier separación de la gnosis de la comprensión Divina.

El Árbol de Daat se nos presenta como *del Bien y del Mal*. Como contrarios, el Bien y el Mal representan el contraste dualista definitivo. Pero la bondad Divina definitiva es no-dual. Es una unidad que trasciende lo contrastivo y todos los extremos ontológicos y epistemológicos. Pero si decimos que la unidad es «buena», automáticamente surge una pregunta. Dicho término puede ser interpretado de dos formas. Puede operar como opuesto al mal o como una disposición definitiva más allá de la fijación dependiente de cualquier circunstancia o lenguaje categórico. Cuando el bien se define como lo opuesto al mal, se ve reducido a una mera equivalencia lingüística. Éste es solamente un estado de plácida beneficencia que la mente puede comprender. Pero el bien definitivo está más allá de la comprensión.

En su contexto dualista, el Bien y el Mal sólo existen de forma dependiente. Uno sólo se puede presentar en relación con el otro. El Bien es bueno sólo porque no es malo, y viceversa. Esta relación de dependencia sólo remite a conceptos convencionales y, por lo tanto, no aporta información sobre el bien definitivo. El bien definitivo no puede separarse de lo malo, o de ninguna otra posibilidad, y no puede ser definido a partir de una distinción relativa o una circunstancia. La esencia del bien, por lo tanto, es sólo Ain Sof.

Digerir el fruto del Árbol de Daat asegura que la mente generará engaños dualistas. Si el fruto se ingiere, entonces la pureza primordial será ocultada; la mente proyectará ficciones infinitas que fijarán el presupuesto de que es un sujeto que está percibiendo objetos, ya sean reales o irreales en relación con él. Es importante que el fruto venenoso del Árbol de Daat esté en el Edén. Si el Edén realmente representa la perfecta completitud, entonces dicha completitud no puede excluir la posibilidad de la imperfección. Sin embargo, visto a través de la lente de la pureza primordial, incluso el error es sabiduría. Unidad significa que todas las posibilidades presentan una naturaleza común. Su gnosis es darse cuenta de una pureza radicalmente equiparadora. Con todo, lograr apreciar esto requiere comer el fruto del Árbol de la Vida, lo que sucede automáticamente si el fruto del Árbol de la Dualidad no lo obstruye.

El Árbol de la Vida ofrece una pura visión visionaria que automáticamente percibe el juego de la dualidad. Cuando se toma el fruto de la gnosis, ya no importa si se toma o no el otro fruto; el conocimiento será aparente. Cada posible variable será libre de presentarse por sí misma y cada reflejo revelará la misma naturaleza esencial que es bitul al Ain Sof. Éste es el «bien definitivo», que permite que la distinción entre «el Bien y el Mal» pierda todo su significado relativo.

Daat significa literalmente «conocimiento». La sefirá de Daat es la conexión entre *yud-he* y *vav-he*, que permite entender la Imagen Divina como un todo comprensible. El Daat Divino es un conocimiento no-dual, por lo que resulta inusual que este término se emplee en un contexto dual. Hay infinitos aspectos de Daat, incluyendo el Daat de la imperfección, que es la base del conocimiento ordinario y sus distinciones dualistas. Este Daat cubre aquello que el Daat definitivo muestra. El Daat dualista caracteriza todas las cosas como «buenas» o «malas», dependiendo de dónde se encuentren en relación con las necesidades y los deseos del ego. Sin este Daat dualista, la percepción sería gnosis. El Daat del Bien y del Mal, por lo tanto, representa la ocultación de la condición natural de la mente bajo una forma en la que su condición original parece perdida. Esto es lo que los religiosos exotéricos pierden cuando se aferran a asunciones morales sobre lo que significa la pérdida de la perfección primordial. Lo que debemos recordar cuando esta cuestión se torne borrosa es que es imposible «caer» de la pureza primordial, siempre está ahí, pero es muy fácil que se vea oscurecida hasta el punto de no ser reconocible.

En el tercer capítulo, la mujer de Adán proclamará: «Podemos comer del fruto de cualquiera de los árboles del jardín; mas del fruto del árbol que está *en medio* del jardín *no* debemos comer» (la cursiva enfática se ha añadido). Esto, sencillamente, contradice lo que se ha afirmado en el versículo 2:17, que era un edicto que únicamente prohibía comer del Árbol de Daat. Pero el Árbol de Daat no es el que está en medio, como la mujer de Adán supone. Como el Árbol de la Vida es el que se encuentra en mitad del jardín, Adán y Eva deberían haber podido comer. Lo que la mayoría de religiosos toman como desobediencia es, de hecho, otro tipo de equívoco.

¿Qué implica esto? Para poder responder adecuadamente, debemos ampliar el ámbito de la cuestión. La religión exotérica asocia este error con el estado de corrupción llamado *pecado*. Todo el bagaje moral familiar se sitúa sobre este concepto. Los códigos de conducta, que identifican lo que es pecado y lo que no, han contaminado la espiritualidad occidental con culpa y vergüenza durante milenios. Estas asociaciones destructivas y desafortunadas se pueden desechar en favor del significado profundo de este texto: una serie de instrucciones para el cultivo de la gnosis.

Desde nuestro punto de vista, el pecado no es otra cosa que la fijación dualista que identifica los fenómenos como una realidad sustancial. A causa de la proliferación de fijaciones morales, esto se ha asentado acríticamente en la imaginación religiosa. Los tres capítulos iniciales del Génesis son joyas de misticismo de la literatura bíblica. Con suerte, muchos expertos cabalistas llegarán a emplear estos valiosos textos de una forma que realmente señale la dirección hacia el «bien definitivo», que se encuentra libre de estas lamentables asunciones.

El error de confundir un árbol con el otro es una metáfora de lo que los hábitos cognitivos hacen con las actividades fenomenológicas, especialmente con la actividad de los *cinco sentidos*. El sentido de la vida se confunde por culpa de un desfile de reflejos dualistas que se toman por reales. La «vida» del Árbol de la Vida es el éxtasis de la actuación del Ain Sof cuando dispone la infinita autoornamentación de los fenómenos. Su estructura es la de las diez sefirot. Éste es el espejo en el que Adán abre los ojos al significado definitivo del Edén, que es la unidad de Adán y el jardín. Sin embargo, debe elegir y comer.

Anteriormente he escrito que el pensamiento dualista no puede reconocer su naturaleza porque fija cada proyección mental como si fuese un objeto, como un rostro que no puede verse a sí mismo si no es con un espejo. El Árbol de la Vida es ese espejo. Adán es la encarnación viviente de su reflectividad abierta. El texto señala que algo surge del interior de la mente para perturbar este conocimiento innato. Esta perturbación se produce cuando la esposa de Adán (nefesh) confunde un árbol con otro, lo que sugiere la habitual *fijación vasta* de los sentidos físicos.

Es importante saber todo esto antes de que la narrativa avance y, con ella, el comentario. En este punto, nos aproximamos al dilema de los sentidos. El dúo edénico puede subsistir a partir del Árbol de la Vida y permanecer en la gloria edénica que se les ha ofrecido, pero algo emerge y crea un obstáculo. Sabemos esto por nosotros mismos. Conocer cómo sucede es lo que nos pide el texto que descubramos.

El Árbol de la Vida está ubicado en el corazón del jardín. ¿Dónde es? El jardín se corresponde con el espacio aparicional de Maljut. El espacio no se puede dividir; por lo tanto, el corazón del espacio es cualquier lugar en el que nos encontremos, en el centro de los fenómenos que se muestran, en el corazón de todo lo que vive. Comer, entonces, significa literalmente interiorizar la sabiduría de la Shejiná, tal como se presenta a sí misma, en la sencilla pero profunda diversidad de apariciones de la vida. En el momento en el que esto se busca, nos enfrentamos al inconcebible aluvión de posibilidades que es Bereshit. Esto es la comida. Errar al atacar y reconocer su carne real es lo mismo que comer del árbol opuesto.

El Árbol de la Vida se corresponde con el Edén, y el jardín crece a partir de su Maljut. Su fruto representa su zivug. Su néctar fluye de la unión de la energía luminosa y su espacio contextual, que es el Bereshit primordial. Es el brillante corazón del paraíso, la puerta abierta a la naturaleza de la mente. Es aquello a lo que se refieren los cabalistas cuando hablan de luces completamente oscurecidas por sus vasijas.

La vida de los fenómenos es realmente una puerta abierta, tanto si tomamos las circunstancias que causan una división infinita, como si luchamos para alcanzar un objetivo superior en la niebla de estos hábitos. La imaginería del Edén es sencillamente una llamada a los seres humanos para que atraviesen esta puerta. Es una invitación a la maravilla innata, a aquello que se encuentra frente a nuestros ojos. Si esto se entiende apropiadamente, el texto puede funcionar como un pasaje directo al Edén, en el que, de hecho, ya estamos. Comprenderíamos esto espontáneamente si fuésemos capaces de detener nuestro continuo comer del árbol equivocado, que nos ciega.

Como he escrito, el relato se interrumpía en el versículo 2:9 para saltar al 2:16 y articular el punto central del capítulo: la confusión entre los dos árboles y sus implicaciones cognitivas. Teniendo esto presente, podemos proceder a analizar los versículos que se encuentran entre ambos. El crucial versículo 2:10 nos conduce por la descripción de los cuatro ríos que llevan la influencia del Nombre Divino en las cuatro direcciones, para conceder su bendición a la apariencia terrestre. La sección del texto que enumera los atributos de los ríos (2:11-15) nos brinda los nombres de los ríos, sus direcciones y diversos atributos más. Pero estos versículos son ajenos a nuestro centro de interés, por lo que volveremos al versículo 2:10, que dice:

> «Y salía de Edén un río para regar el jardín, y de allí se repartía en cuatro ramales». (Gen 2:10)

El versículo 2:10 ofrece una imagen sinóptica que reitera la imagen completa. Esto requiere una breve consideración. El segundo capítulo comienza con el punto de vista del *Daat primordial*, «antes» de que Adán se manifestara en la tierra. Esto se corresponde con el vuelo del Ruaj Elohim en el primer capítulo. Luego, el texto progresa con una descripción del estado edénico desde la perspectiva de Tiféret, la perspectiva del propio Adán, que ofrece muchas pistas sobre el potencial gnóstico del movimiento perceptual. En todo esto está implícita la permanencia de Adán en la pureza primordial, ya que Adán y los fenómenos de su mundo «externo» son de igual naturaleza. Y aquí es donde el comentario salta hacia un versículo posterior para hacernos ver el error relativo a los árboles.

El versículo 2:10 es la visión del propio Edén. Sitúa el acento en la fluida continuidad entre las sefirot superiores y las siete inferiores. Esto traza el cauce de shefa desde las aguas superiores, a través de Daat y Tiféret, en el que Maljut es incorporado. Sus elementos se consignan a continuación:

Agua	Naturaleza esencial del Ain Sof (*KaJaB*)
Río	Incesante continuidad de la creación (*base del movimiento fenomenal*)
Salida	Conexión entre el mundo superior y el inferior (*Sefirá Daat*)
Edén	Estado de puro movimiento y energía (*Tiféret/Seis centrales*)
Jardín	Espacio aparicional contextualizador de la Shejiná (*Maljut*)

La «salida» de las aguas representa la actividad de Bereshit, que se expresa a través del Sagrado Daat en toda manifestación. Esto es la gnosis del Edén en una cáscara de nuez. A pesar de que el foco de la visión edénica se expresa a través de Tiféret y su apariencia es su jardín (Maljut), no debemos olvidar que todo esto es simplemente la continua exhibición del Ain Sof. El versículo 2:10 es un recordatorio de la imagen panorámica. Es una ventana abierta a la gloria Divina que se alcanza cuando el Edén se nutre a sí mismo y manifiesta un jardín que se riega a sí mismo. El Zohar habla de este tema en un importante pasaje del *Idrá Rabba*:

> «Jojmá fue creada para que produjese un río que debía regar el jardín. El río entra en la cabeza de Zer Anpin y se convierte en un cerebro, y desde allí fluye para convertirse en un cuerpo completo y regar todas las plantas. Éste es "un río que sale del Edén para regar el jardín"». *(Idra Rabba)*

Esta cita enfatiza que todas las apariencias son conocimiento (Jojmá). La sabiduría es una posibilidad ilimitada, ya que está codificada (grabada) con cada posible variable que el jardín puede expresar. Éste es el poder orientador del movimiento fenomenal y perceptual, y así, se convierte en el «cerebro» de Zer Anpin, que guía su «cuerpo». Su cuerpo son las seis sefirot y Maljut, en esta fase.

El cauce del río no es una secuencia de movimiento lineal; es la muestra simultánea de pura Jojmá, una explosión de la naturaleza de la mente. Las orillas son proyecciones del propio río basado en sus hábitos. A partir de estas tendencias, los fenómenos aparentes guían su inconcebible fluir. El símbolo del río sugiere el dinamismo de Bereshit simplemente a través de su continuidad y total carencia de inmovilidad. A medida que el agua «sale», el impulso creativo emerge como fenómenos, y el jardín se presenta espontáneamente.

> «Porque el día que de él comieres, morirás». (Gen 2:17)

La muerte es la quintaesencia del axioma dualista. Es el corazón de la mentira que nos ofrece las quimeras de finalidad y separación. Si creemos en la muerte, entonces también debemos creer en el nacimiento. Creer en el nacimiento significa que la fe se ha puesto en la idea de que un ser puede existir de forma autónoma y discrecional. Si creemos que un ser puede existir independientemente, entonces se trata de fe en la ilusión de que la sustancia y la realidad sustancial son un libro cerrado. La consecuencia de esta creencia es que, cuando las apariencias superficiales se disuelven, la continuidad termina. Su conclusión es que la vida es realmente como se muestra en su sentido más superficial: separada, fragmentada y aleatoria. Éste es el veneno del fruto del Árbol de Daat. Sin embargo, antes de que se coma, plantea la paradoja definitiva: el fenómeno del nacimiento y la muerte aparecen, y la mente debe agarrar esta apariencia. En qué tipo de alimento se transforma esto es el reto que plantean los dos árboles.

Para la vida humana, el fruto de Daat representa la programación habitual que no ha sido escogida. El hábito de aferrarse a las impresiones mentales emerge de hábitos previos que no podemos recordar. Pero no se trata de cómo comienza. Lo que la Biblia nos señala es que este estado de equivocación necesita corregirse para que el potencial latente de la mente pueda alcanzarse, ya que es su derecho de nacimiento primordial. Si se cultiva la fe más allá de los conceptos dualistas, incluso aunque no llegue a alcanzarse por completo, las asunciones automáticas de la mente se pueden cuestionar. Esto altera el momentum de hábitos futuros. Más allá de estas asunciones se encuentra la posibilidad abierta, que es el fruto del Árbol de la Vida. Tomar contacto con dicho fruto no es fácil. Requiere una ardua resistencia. Para la mayoría de los seres humanos, saber que esto es posible ya es un gran paso. Ésta es una de las formas en las que podemos comenzar a trabajar con el texto bíblico sin importar el nivel espiritual en que nos encontremos.

El sublime néctar de la inocencia edénica, la pureza primordial, no sabe de vida y de muerte. La fe de que esto es posible es el antídoto para los venenos mentales. Podemos aspirar a vivir cada momento sin tener que aferrarnos a la noción de lo que algo es o no es. Cultivar este estado de rendición es el comienzo de bitul, algo sobre lo que escribió el Maguid de Mezeritch al sintetizar las enseñanzas de su maestro, Baal Shem Tov:

> «Piensa en ti mismo como en la nada, olvídate por completo de ti mismo cuando reces. Ten en tu mente únicamente que estás rezando por la Shejiná». *(Maguid Devarav LeYaacov)*

Entregarse puede significar vivir devocionalmente, con una hondura tal que sólo la belleza y la dignidad que surgen espontáneamente del Ain Sof se hagan evidentes. Esto es lo que significa «pensar en ti mismo como en la nada». Nuestras identidades ficticias no nos conceden los atributos de la Divinidad. La nobleza real de la mente emerge cuando se contempla profundamente que la vida humana y todas las apariencias son la expresión de la Shejiná y nada más. Por uno mismo, de hecho, uno no es nada.

Como seres con identidad propia, vivimos bajo la ilusión de que nacimos y moriremos. La Shejiná no tiene una existencia propia que nazca o muera. Las palabras del Maguid nos conducen a una dulzura que puede hacerse realidad en cada momento simplemente si no oponemos resistencia. Ésta es la promesa de que el amor puede inundar por completo todo el espacio con un puro gozo (Edén). La devoción, en este sentido, es sinónimo de bitul.

Ésta es otra forma de interpretar la muerte, como la muerte del ego. Pero incluso esto puede ser fallido, ya que implica que hay algo que puede morir. La perspectiva más profunda sostiene que la mente está más allá de cualquier artificio, e incluso en su estado más ilusorio, nunca se despega de este estado exaltado. Por lo tanto, siempre existe una equidad entre la gnosis y el estado ordinario de percepción. Esta creencia es muy positiva, pero no es lo que nuestras vidas nos presentan.

Como se ha mencionado previamente, los dos árboles del jardín están conectados, bajo la tierra, por una raíz común. Esto simboliza que la tierra (adamá) puede tomar dos caminos de expresión distintos. Esto nos conduce a algunas consideraciones prácticas complicadas. La percepción ordinaria y la gnosis comparten un sustrato común y son de igual naturaleza, pero no ofrecen cosas igual de valiosas. Una revela belleza preciosa y la otra sólo crea sufrimiento. Conocer intelectualmente que el fruto del Árbol de la Vida reside en el interior de las apariencias mundanas es un buen punto de inicio, pero es insuficiente lograr el cambio duradero. Debemos reconocer que actualmente estamos comiendo el fruto del hábito dualista y reemplazarlo por un alimento mejor. Esto comienza admitiendo honestamente la condición real de la mente y comprendiendo cómo se perpetúan sus errores. Sólo al escoger identificar el defecto puede comenzar su reparación.

La voluntad de llevar a cabo un análisis honesto de la condición verdadera de la mente permite que la fe se desarrolle de forma productiva. Sólo entonces puede dirigir la conciencia hacia la raíz escondida bajo la tierra que es la base común a ambos árboles. La tierra única, con su raíz única, es la puerta hacia la bondad definitiva. Ambos árboles continuamente ofrecen sus frutos, pero una vez que se ha ingerido el fruto del Árbol de Daat, se bloquea el acceso al Árbol de la Vida. Ésta es la condición humana. El daat dualista seduce a la mente con los conceptos de vida y muerte. Sin embargo, en algún punto, no importa hasta qué punto la mente se haya extraviado, la tierra unificada de adamá se puede rememorar. Esto puede conducirnos de vuelta al Árbol de la Vida y a su fruto, y la mente podrá ir más allá de sus hábitos para conocer la esencia de la creación directamente. Esto requiere que el hábito de la ilusión sea visto como lo que es.

El primer mensaje de esta sección del capítulo es aprender la diferencia entre los frutos de los dos árboles y, así, escoger correctamente de cuál comer. El fruto de la gnosis es «un río que salía del Edén». Con sus nutrientes, todo el horror y toda la belleza pueden suceder, pero nada puede cambiar el Ain Sof. Simplemente, no hay nada que cambiar.

> «Y dijo YHVH Elohim: "no es bueno que Adán esté solo; haré ayuda idónea para él"». (Gen 2:18)

En el versículo 2:18 encontramos la primera referencia a lo que será *nesirá* o la «separación» de Adán de su mujer. Esto da inicio a una descripción de lo que sucede cuando la cognición humana confronta su propia presencia, y al hacerlo, confronta cada otro fenómeno. Adán representa ruaj; su «ayuda» es el aspecto de nefesh. Hasta que sucede la nesirá, el nefesh funciona como vitalidad inmanente en el interior del ruaj. Lo que sucede es que el nefesh, que es Maljut, afirma una serie de cuestiones que reflejan la asunción de «independencia».

Es la primera vez durante el relato que Adán se considera en relación con la idea de otro ser. Esto marca la división entre el estado de «inocencia» primordial y la posibilidad de extraviarse en la conceptualidad ordinaria, lo que da inicio a la siguiente fase del desarrollo de Adán, en la que se aborda la capacidad de la mente para reconocer sus hábitos. Esto refleja una tensión básica que se debe tratar como si la no-dualidad edénica permaneciese estable.

La aparición de la mujer de Adán equivale a la presentación externa y la exposición del cuerpo y de toda la materia física. Es la prueba de visión definitiva. En el zivug edénico, la materia y la energía reflejan directamente la unión primordial entre la luminosidad y el espacio. Una vez que el nefesh emerge en relación con el ruaj, se desencadenan los aspectos más volátiles de la experiencia humana. Esto sugiere que Adán podría necesitar fabricar una identidad «separada» para poder confrontar el contexto que lo rodea e incluso su propio cuerpo. En esta confrontación, aspectos interiores y exteriores de la creación combaten entre sí, y la tensión creadora de la propia mente se convierte en el antagonista principal. En este punto, el texto se ocupa de la cuestión del individuo corriente, atrapado en el caos de la conceptualidad.

La relación entre ruaj y nefesh representa el diálogo interno entre el ficticio sentido identitario de un ser humano y la sensación de su «realidad». En este estado, el cuerpo se percibe como una «casa» separada para la mente, de la misma forma que la mente se percibe como una «casa» para sus pensamientos. Esta relación define cómo el egocentrismo usurpa la percepción. Sin embargo, antes de que esto se haga aparente en la narración, se plantea una descripción de la conceptualidad y su forma de operar. Dice:

> «YHVH Elohim formó de la adamá toda bestia del campo, y toda ave de los cielos, y trájolas a Adán para que viese cómo

las había de llamar. Y como Adán llamó a los animales vivientes, ése se convirtió en su nombre. Y puso Adán nombre a cada bestia y ave de los cielos y a todo animal del campo: mas para Adán no halló una ayudante para él». (Gen 2:19-20)

El siguiente paso hacia la posibilidad de extraviarse en el estado dualista convencional es el nombramiento de las criaturas por parte de Adán. Nombrar es una actividad intensamente conceptualizadora, pero también expresa el juego Divino de la creación. Puede manifestarse de forma pura como una muestra de saber, o puede ser un proceso de alineación de las cosas de la posibilidad abierta para fijarlas. En la última sección se afirmaba que hay una tierra de pureza primordial. La actividad humana consiste en dos caminos que pueden oscurecer el estado edénico o conducir a su realización (los dos árboles). Esto mismo sucede con todos los nombres, palabras y letras.

En su sentido más puro, las combinaciones de letras afirman el potencial para manifestar las infinitas variaciones de los fenómenos. No hay ningún problema con la acción de representar, hasta que las palabras o los nombres se toman equivocadamente por las cosas «reales» al afirmar significados concretos, que luego serán aprendidos. Cuando la conceptualidad supera este proceso, los significados equivalentes pierden su conexión con la inherente significidad del estado creativo, y se ven constreñidas en fragmentos aislados. Los seres humanos «recolectan» estos significados constreñidos y aislados y tratan de comprenderlos, intentando en vano determinar qué es real y qué no lo es, elaborando presupuestos basados en una información tenue. Estos nos conducen a un infinito y frenético encuentro de fragmentos, que desordena la vasta expansión de la mente. Así es como el tsimtsum corta una vez más la posibilidad abierta.

La cuestión de nombrar se trae a colación inmediatamente después de que la nesirá se mencione por primera vez, antes de que, de hecho, suceda en la narración. Es una pausa literaria empleada para intercalar una consideración de conceptualidad en un momento crítico. Implica que la nesirá se encuentra en una encrucijada entre dos direcciones distintas. Éste es el marco en el que debemos considerar la siguiente sección, en la que el ruaj y nefesh entrarán en conflicto:

> «(2:21) YHVH Elohim hizo caer sueño sobre Adán, y se quedó dormido: entonces tomó una de sus costillas, y cerró la carne en su lugar; (2:22) y de la costilla que YHVH Elohim tomó del hombre, hizo una mujer, y trájola al hombre. (2:23) Y dijo Adán: esto es ahora hueso de mis huesos, y carne de mi carne, ésta será llamada varona [mujer], porque del varón fue tomada». (Gen 2:21-23)

Antes de la nesirá, Adán cae en un estado de inconciencia en el que el movimiento perceptivo queda en suspenso. Éste es el silencio del Ain Sof, que se atisba entre niveles. Este «hueco» no separa una cosa de otra, porque no hay nada tangible que separar. La transformación en sí misma permanece en el espacio natural del séptimo día: el *Shabbat*. Esto es, el fuego silencioso de la Shejiná que se consume y se alimenta a sí mismo a través de sí mismo. El Maguid de Mezeritch lo describe con una parábola:

> «Un huevo se convierte en un pollo. Hay, sin embargo, un instante en el que no es ni un pollo ni un huevo. Ninguna persona puede determinar ese instante. En ese instante, se encuentra en un estado de Ain (nada encinta)». *(Maguid Devarav LeYaacov)*

En el versículo 2:23 se emplea por primera vez la palabra «hombre» en lugar de «Adán». Esto indica la transición posterior entre el estado edénico y la identidad fabricada de una unidad de género masculino. El nombre «Adán» se seguirá empleando junto con «el hombre» para resaltar el contraste entre ambos. La narración ha alcanzado la bifurcación en el camino entre el estado «original» y el conflicto perceptivo.

La mujer afirma la presencia de toda la materialidad. Su presencia es la tendencia, de todos los eventos mentales, tanto internos como externos, de mostrar una apariencia sólida e independencia. Esto conduce a la mente hacia la creencia en la tangibilidad de la *sustancia.* Para una persona ordinaria, el nefesh es la presencia incuestionable del cuerpo y la proyección de su mundo entero. El ruaj, habitualmente, se mueve de acuerdo a este presupuesto. Por ello, la mujer de Adán lo conduce al desastre, ya que la cognición convencional está siempre basada en la fijación de los cuerpos y en la fijación material. A través de la equivocación de la mujer con los árboles, los fenómenos convencionales parecerán desesperanzadoramente impenetrables en su densidad, y así, su solidez fenomenal no será cuestionada por el ruaj.

La presencia de las cosas puede tener un aspecto luminoso y abierto o vulgar y cerrado, dependiendo de la interacción entre ruaj y nefesh. Esto determina cómo es el mundo. El nefesh y el ruaj expresan tendencias universales, así, Adán y su mujer se pueden entender como una muestra del «ruaj y el nefesh cósmicos» en acción.

Sostener que los fenómenos son sustanciales, interna y externamente, es el reto definitivo para la fe. Es un adversario realmente insidioso. Incluso el progreso arduamente logrado y las convicciones místicas sofisticadas se pueden neutralizar si los groseros hábitos del nefesh mantienen su eficacia. La mujer de Adán ilustrará cómo la mente automáticamente se sitúa en el más bajo denominador común compartido con la vida animal. Eso, desafortunadamente, describe la humanidad en términos generales, y expresa directamente qué sucede cuando el ruaj se vuelve adicto al sentido de autonomía basado en la fijación de los cuerpos.

> «Por tanto, dejará el hombre a su padre y a su madre, y ha de allegarse a su mujer, y serán una sola carne». (Gen 2:24)

En el versículo 2:24, la «partida» del hombre personifica la ruptura de la conciencia con sus orígenes. El hombre se aparta de sus «padres» para acercarse (o acomodarse) a su mujer y el mundo que lo rodea. No hay indicador más claro del descenso al conflicto perceptual que éste.

El padre y la madre representan la unión superior de Jojmá y Biná, la luminosidad del espacio, que el hombre oscurece y obstruye cuando nefesh y ruaj se toman como funciones de una ficticia existencia independiente. El hombre se «allega» a su mujer como símbolo de su fijación inminente. «Una sola carne» es un compuesto de materialidad que incorpora tanto los aspectos internos como externos, y produce la ilusión de mismidad. Como el relato mostrará, esto va acompañado de unos inevitables miedo y vulnerabilidad subyacentes. Si algo está aislado, siempre existe un riesgo más allá de sus propios confines.

Por supuesto, la separación de la unidad suprema sólo existe en un mundo fabricado sobre la base de asunciones conceptuales. Nace de las ideas que nos formamos sobre lo que pensamos que somos nosotros y el mundo. El primer paso hacia socavar estas fijaciones es comprenderlas. Esto es lo que la Biblia presenta: ofrece un retrato confiable de la conciencia ordinaria, de la que los seres humanos no tienen noción, de no ser por instrucciones como ésta. Para aquellos que estén listos para escuchar, esta enseñanza es indispensable. Como decía el antiguo mito: «Conocerse a uno mismo es conocer a dios».

> «Y estaban ambos desnudos, Adán y su mujer, y no se avergonzaban». (Gen 2:25)

La desnudez del hombre y la mujer representa la vulnerabilidad y la precariedad de la identidad humana. La palabra hebrea para «desnudos» es *arom*, que se deletrea *ayin-yud-resh-mem*. Su valor numérico es 320. Este número es parte de una profunda guematría que requiere muchas otras piezas para llegar a este resultado. Cuando la palabra *arom* se combina con el número 65, el resultado es 385, que es la guematría de la palabra *Shejiná*. Esto implica que entre la vulnerabilidad desnuda y la consecución de la Shejiná, hay algo que falta, y su recuperación es lo que posibilita la gnosis. Lo que falta debe tener un valor de 65. Lo que falta es el Nombre Divino *Adonai* (ADNY = 65), que se corresponde con Maljut. Esto es lo que la mujer puede revelar, y es la esencia de su confusión. Todos los Nombres Divinos conectan una sefirá con su naturaleza esencial, y representan la expresión del Ain Sof a través de sus atributos correspondientes sin oscuridad. Cuando Adán comienza su degeneración hacia el estado de «hombre» ordinario, oscurece su afinidad con la Shejiná y pierde su «65». Éste es el significado de su desnudez, en contraste con la completitud que se expresaba cuando Adán era sinónimo de la Shejiná en un episodio anterior del mismo capítulo.

Sin embargo, el proceso de degeneración todavía no se ha completado. La vulnerabilidad de su desnudez se ha producido, pero el miedo que acecha en sus corazones aún no se ha manifestado. Esto sucederá en el tercer capítulo. El tema del que se ocupe será el efecto que la asunción de la independencia tiene sobre la mente; el miedo existencial que es la desnudez humana, que causará *vergüenza*. Esto debe surtir efecto todavía. Esto es el miedo a que seamos expuestos por lo que somos: una farsa, un autoengaño. Aunque el conflicto entre nefesh y ruaj ya se ha planteado, la tensión básica entre ellos se mantiene latente y por desarrollar, ya que todavía «no se avergüenzan».

4
LA CONSECUENCIA DEL HÁBITO
Comentario al tercer capítulo del Génesis

> «Pero la serpiente era más astuta que el resto de los animales del campo que YHVH Elohim había creado; y dijo a la mujer: "¿Elohim os ha dicho que no comáis de cualquier árbol del jardín?"». (Gen 3:1)

La respuesta a la pregunta de la serpiente es que, por supuesto, YHVH Elohim había ordenado únicamente no comer del Árbol de la Dualidad. Como sabemos, éste es un muy buen consejo. Es muy importante que sea este personaje el que formule la pregunta. La serpiente presenta la tensión inherente a la manifestación que surge entre el hombre y su mujer. A pesar de su mala fama, la serpiente es la gran heroína olvidada de la literatura bíblica.

El símbolo de la serpiente representa la volatilidad de la transformación que anima todos los fenómenos. Es común a ambos la confusión del Árbol de Daat con la bendición del Árbol de la Vida. Su poder bruto se manifiesta como la tensión entre ruaj y nefesh en el sentido cognitivo, y la disparidad entre la energía y la materia en un sentido fenomenológico.

Como se ha mencionado antes, el cuerpo de la serpiente sugiere una forma de ola. Su ondulación muestra la danza de la polaridad: arriba/abajo, negativo/positivo, encendido/apagado, hombre/mujer. A través de su continuidad, la creación es conducida a todas las formas de expresión. No hay nada más que el dinamismo de Bereshit en movimiento, la evidencia de su potencial innato. Se emplea como la capacidad para empoderarse y adaptarse infinitamente, para hacer o ser cualquier cosa, tanto armónica como caótica. Es el poder salvaje que comparten Tiféret y Maljut, temido y odiado al mismo tiempo.

La serpiente se puede manifestar como tohu o puede revelar el zivug del estado edénico. Cuando se desata, tanto toda la belleza de la manifestación como todo su peligro son posibles. A causa de que representa una gran volatilidad, es tomada por la religión exotérica como representación de la presencia acechante del «mal». Esta visión tan pesimista la adoptaron las autoridades religiosas como recordatorio de que toda acción conlleva un peligro. Esto evoca el *miedo*. Y el miedo conlleva la posibilidad de control político y social, que puede imponer una dominación espiritual y moral sobre la conducta humana. Pero en tanto que la serpiente significa mucho más que esto, podemos afirmar que con ella planteamos uno de los desafíos más importantes a las interpretaciones exotéricas de la Biblia.

La serpiente es marcada como malvada por aquellos que sostienen que los conceptos del Bien y el Mal son entidades sustanciales y reales atrapadas en una batalla. Sostienen también que son agentes independientes que guerrean en el espacio de la creación. Aquellos que creen en esto, no consideran apropiadamente el espacio en el que tiene lugar la contienda. Eso sólo crearía otra guerra entre las fuerzas opuestas del Bien y del Mal y el propio espacio.

Si la fe puede obtener certeza suficiente como para sostener que nada posee una existencia independiente, entonces la guerra entre la luz y la oscuridad puede darse por superada. Teniendo esto en cuenta, debe quedar claro que lo malvado no es otra cosa que un constructo mental surgido de los hábitos divisivos de la mente, lo que no implica cuestionar los innegables horrores y padecimientos que suceden en el mundo. La fe en que el mal no posee una existencia real no hace que desaparezca, pero puede erosionar gradualmente la percepción sensorial del conflicto que introduce el miedo y el pánico en la mente. Estas reacciones sólo añaden obstáculos innecesarios a cualquier conflicto.

La fe no es una cura para las circunstancias adversas; es una oportunidad para reconocer la naturaleza de cualquier circunstancia, conduciéndonos directamente a su raíz.

La comprensión gnóstica de la serpiente es un desafío directo a la locura del absolutismo moral. La ley religiosa supone que lo correcto y lo erróneo son un libro cerrado; no hay lugar para la elección creativa cuando la moralidad es un monolito congelado. Depende de los seres humanos afirmar que la moralidad no necesita forma alguna que no sea la amabilidad y el cuidado. Puede basarse en una adaptación fluida a cada circunstancia concreta y particular. El símbolo de la serpiente representa la posibilidad inmaculada de una moralidad que se ajuste a las necesidades de la mente antes que a un código autoritario, liberada de los grilletes del dogma y de convenciones vanidosas. Si la serpiente no se rechaza como si se tratase del puro mal, entonces, esto es *posible*.

El símbolo de la serpiente encarna la tensión disyuntiva entre Adán y su mujer, y entre Adán y el Edén. En la siguiente sección, la mente se enfrenta simbólicamente a sus propias proyecciones, particularmente, a las apariencias materiales y corpóreas, que se establecerán como antagonistas de la visión que ha construido sobre sí misma. Las circunstancias son «buenas o malas» únicamente desde esta perspectiva relativa. La apariencia de la mente que lleva a cabo dichas designaciones sólo puede sostener los fenómenos en relación con sus propios intereses. La promesa de un bien definitivo que pueda eclipsar este antagonismo está relacionada con verse cubierta por una nube de fijaciones apuntaladas por el Árbol de la Dualidad. El fruto del Árbol de la Vida (que asegura la pureza primordial) no podrá verse a través de esta nube, y la promesa de un estado edénico estable se verá pronto perdida en una bruma de confusión.

La serpiente ofrece la oportunidad de un conflicto como la prueba definitiva para la fe. Cuando la serpiente habla, pregunta cuestiones complejas que ponen a prueba la capacidad de la mente para afrontar sus propias tensiones. Estas preguntas son el espejo del dilema de la mente.

La pura visión de la serpiente es simplemente la de una manifestación de la Shejiná, el poder vivo del Edén y de la propia mente. Este poder puede anular o fijar, dependiendo de qué fruto se ingiera. Como quedaba implícito en el texto del capítulo anterior, aceptar la cosificación equivale a la *muerte*. Éste es el tuétano de todos los miedos. La primera pregunta de la serpiente a la mujer la hará dudar de cuál es cada árbol. Si ofrece una respuesta equivocada (y lo hará), su camino estará sellado: la pareja comerá del árbol de la dualidad a causa del hábito del error de nefesh.

Esto introduce una de las guematrías más controvertidas de toda la cábala. El nombre de la serpiente de *Najash* (NaJaSh), y su valor numérico es 358. Éste es un número altamente significativo. Comparte la guematría con la palabra *Moshiaj* (MoShiYaJ), es decir, *mesías*. La conexión entre las dos palabras nos lleva a la conclusión de que el simbolismo exotérico para la fuente del mal absoluto y la completa redención poseen una naturaleza equiparable. ¿Puede la perspectiva mística afirmar algo con mayor claridad? El principio que repara el daño espiritual reside en el corazón de las tensiones y conflictos básicos de la vida. ¿De qué más puede tratarse? La redención mesiánica aguarda en el corazón de la vida, en cualquier forma, rota o distorsionada, en la que se alce. Esto es lo que representa la serpiente Najash.

Alcanzar el Edén en mitad del caos requiere que los seres humanos sean tzaddikim. Requiere comer del Árbol de la Vida, algo que Adán y su mujer nunca hicieron. La serpiente ofrece la promesa de su potencial en forma de preguntas. La guematría 358 implica que la serpiente es realmente la sabiduría de un tzaddik, que pone en cuestión las asunciones habituales. Sus preguntas deben incitar a la celebración y la alegría en los manicomios y las prisiones de la vida ordinaria, pero demasiado a menudo despiertan temor.

La tensión de la serpiente es la aceptación desnuda que se requiere para el trabajo espiritual. Es cierto que puede conducir a la entropía, pero también se puede cultivar en un jardín. Puede cumplir la promesa gnóstica de «un río que sale del Edén para regar el jardín». El continuo dinamismo que integra estos símbolos «el río, el Jardín, el Edén y su agua» en una unidad contiene la respuesta a la pregunta formulada por Najash. La respuesta activará el poder que libera o engaña, y la dirección del NeR se decidirá de acuerdo a su disposición.

> «(3:2) La mujer respondió a la serpiente: "Del fruto de los árboles del jardín podemos comer; (3:3) mas del fruto del árbol que está en medio del jardín dijo Dios: 'No comeréis de él, ni lo tocaréis, porque si no, moriréis'"». (Gen 3:2-3)

En el versículo 3:3 se produce el error crucial de nefesh: el árbol periférico de los contrastes dualistas es confundido con el árbol central de la Divina merkavá. Este error no es un mero lapso momentáneo; representa la suma total de todas las respuestas engañosas habituales y la plena potencia de su momentum. Representa la totalidad del error cognitivo humano. Este versículo nos introduce en nuestra mediocridad.

La mujer cometió el error porque no podía discernir dónde estaba realmente el «centro» del jardín. «Dónde» era irrelevante, porque el concepto de «lugar» no tiene nada que ver con el auténtico centro del jardín. El centro del jardín es el corazón de la manifestación de la Shejiná. Es el omnipresente «punto en el centro del universo» que los rabinos del Talmud mostraron a los atenienses. Trasciende la limitación de las coordenadas, y esquiva los groseros hábitos fijados de nefesh. El corazón en el que el Árbol de la Vida aguarda se puede encontrar sólo cuando ruaj y nefesh están unidos. Cuando sólo los hábitos de nefesh señalan el camino, emerge el común denominador más bajo.

El centro del jardín es la puerta a las profundidades de la visión edénica. Para un ser humano ordinario, sirve como invitación a reemplazar el concepto de un centro logístico por el corazón del puro espacio. Hacer esta distinción permite a la mente integrar una apreciación de pura presencia visionaria, que surge espontáneamente más allá de una ubicación en la bruma de absolutamente ninguna circunstancia. La presencia aparicional y adimensional es el amado corazón más allá de toda división, es decir, la Shejiná. Reconocer que el núcleo de todas las apariencias no es otra cosa que esto permite a la mente liberarse de la dependencia del concepto fabricado de «lugar», que es producto de la necesidad habitual de orientarse a través de referencias a posiciones consignadas a través de coordenadas físicas. Esta dependencia de las coordenadas espaciales es una forma de masoquismo que oculta la vasta amplitud de la Shejiná. Uno de los emblemas rosacruces de Daniel Cramer (figura 15) lo ilustra a través de la representación del seccionamiento de la soga que somete al corazón del orbe universal (la lógica espacial tridimensional). Una vez que se ha cortado, el corazón puede volar y elevarse para unificarse con la pureza abierta del espacio.

Cuando ruaj y nefesh están completamente integrados, manifiestan la luminosa claridad de la unión primordial, de la misma forma que lo hacen Jojmá y Biná. Éste es el estado (o no-estado) de bitul, que es la clave para alcanzar el corazón visionario del Edén. El zivug edénico se alcanza (o redescubre) cuando el movimiento perceptual se vuelve indistinguible del espacio fenomenal básico. En dicha condición, todos los fenómenos presentan el aspecto del *centro del jardín*, ya que no persiste división alguna que defina sujetos u objetos. Éste es el corazón ilocalizado y atemporal del Ain Sof, en el que la mente y el espacio aparicional son indiferenciables. Esto es sinónimo del conocimiento reflectante de las diez sefirot y la naturaleza esencial del proceso creador. Alcanzarlo es la clave para que la Imagen Divina rompa la esclavitud de los extremos dualistas.

A menos que esté integrada en el zivug con el ruaj, el nefesh sólo conducirá al error. Por sí mismo, sólo comerá el fruto del árbol periférico que oculta el «centro». El error de la mente al tomarse a sí misma como una entidad separada está basado en la presencia del cuerpo, que afirma el error de su «independencia». Esto conduce a la mente a conocer los objetos perceptibles por los sentidos a través de asociaciones artificiales que sitúan sus percepciones a una distancia cognitiva. El ruaj pone estos patrones problemáticos en movimiento para ajustarse al nefesh errante y ambos son arrastrados al error. Las asociaciones artificiales son imputables a cualquier cosa, incluyendo la imagen que la mente tiene de sí misma. Por ejemplo, los ojos ven una silla, pero la imagen basta de la silla no posee un significado innato. Para que la mente subjetiva pueda pensar que «conoce» el objeto silla, necesita fabricar una asociación que conecte la información de la retina con una colección de hábitos que conecten todas las *ideas* de silla y los *conceptos* de silla que la mente ha elaborado. Esto da «sentido» a la imagen en la retina, que puede entonces conectar los conceptos de asiento, mueble, piernas…, la lista es interminable.

Figura 15
(*Los emblemas rosacruces de Daniel Cramer,* 1617)

Los significados conceptuales sólo engendran más significados conceptuales. Crean complejas redes que sólo producen división. El proceso está compuesto por fuentes de información (los sentidos, la imaginación) que conectan con el estrato más profundo de los hábitos mentales. Los hábitos básicos más profundos llevan a cabo las conexiones conceptuales. La conciencia cosifica sus objetos mentales basados en estas combinaciones, y los hábitos incrementan su virulencia. Un mundo entero es creado a partir de estos compuestos basados en hábitos. En consecuencia, la información sensorial original se pierde y sólo permanecen corruptas estructuras equivalentes. Las combinaciones se amontonan sobre otras combinaciones, tanto internas como externas, y el hábito se perpetúa hasta que se produzca una intervención, que sólo puede proceder de la sabiduría, que es la llamada de la serpiente desde lo más profundo del mundo de las sombras y la niebla.

Mientras los hábitos compuestos ejerzan su dominio, la mente no podrá conocer su naturaleza. A menos que salga victoriosa de la lucha contra los hábitos, será como una joya cubierta de barro. La mente nunca conocerá nada más que sus construcciones a no ser que surja en ella el deseo de resistencia, es decir, la añoranza de libertad de la mente, que comienza al comprender dos cosas: (1) lo que la mente está haciendo, y (2) la visión de algo más grande. Por este motivo, estos capítulos del Génesis son tan importantes. La información llega a la mente a través de seis puertas de conciencia: la vista, el oído, el olfato, el gusto, el tacto y el pensamiento. Es decir, los cinco sentidos y el movimiento interno del pensamiento. Éstas son las herramientas que la mente emplea para elaborar sus constructos compuestos. Podemos gastar mucho tiempo imaginando y preocupándonos sobre dónde y cuándo surgen dichos hábitos. ¿Acaso importa? El mito del Edén consuela a las personas religiosas porque fabrica un punto de inicio para este proceso. Al rechazar esta pseudohistoria, podemos asumir que, sencillamente, se trata de lo que estamos haciendo ahora. Comemos del Árbol de la Dualidad. Si estos capítulos ofrecen información para conocer con mayor detalle este proceso, entonces podemos considerar dar el siguiente paso: qué podemos hacer al respecto. No debemos subestimar el poder de saber cómo funciona el engaño. Rechazando la literalidad de la metáfora, podemos ver el Génesis como un espejo en el que podemos vernos a nosotros mismos correctamente. Entonces podemos perseguir prácticas que cultiven el deseo de la mente para alcanzar su naturaleza (una discusión práctica al respecto se encuentra más allá del alcance de este libro).

La serpiente habla en el precipicio entre el engaño y el despertar. Le pregunta a la mujer sobre los frutos de los árboles, sabiendo del uno y del otro. Sus preguntas reflejan la incerteza que subraya la actividad mental humana. La pregunta implícita en la de la serpiente es: «¿Estás realmente segura de lo que estás haciendo?». Esta pregunta anticipa el error y abre la posibilidad a una alternativa. Esta llamada es la última oportunidad para nefesh de realinearse con el poder creador fundamental.

La respuesta de la mujer a la serpiente añade que sólo el hecho de *tocar* el árbol causa la muerte. El tacto es un sentido del que los seres humanos dependen notablemente para probar la facticidad de la sustancia. En la respuesta está implícito algo más que un toque literal. Es el toque que opera en todos los aspectos dualistas de la percepción: la conciencia «toca» sus objetos como sujeto. Esto es inherente a la elaboración de equivalencias conceptuales. Verifica que las dos caras que sujeto-objeto divide «existen».

En esta situación crítica, la serpiente realiza una afirmación que tipifica la encrucijada entre el materialismo y la gnosis. Éste es exactamente el punto en el que el conocimiento de la naturaleza de la mente puede ser tanto honrado como ignorado.

> «(3:4) La serpiente dijo a la mujer: "No moriréis; (3:5) Elohim sabe que el día en que comáis de él, serán abiertos vuestros ojos, y seréis como Elohim, sabiendo qué es bueno y qué es malo"». (Gen 3:4-5)

La serpiente proclama abiertamente una visión gnóstica que trasciende la fijación. Este sorprendente versículo supone la revocación definitiva de la lógica exotérica. Afirma que la muerte no es real en absoluto; es sólo un juego de meras apariencias que trasciende la realidad y la irrealidad. Esto no significa que la muerte no posea un significado relativo; sugiere que la muerte (o el nacimiento) no posee un significado definitivo. Este enunciado es antagónico a cualquier punto de vista que se fundamente en las apariencias. Lo que la serpiente ofrece es una puerta abierta a cuestionar todas las asunciones convencionales. Najash abre esta puerta al asegurar lo exactamente opuesto a las conclusiones que los sentidos físicos alcanzan habitualmente. A pesar de esto, la mujer seguirá aferrada a sus fijaciones fenomenales. Esto expresa cómo de insidiosos y obstinados son los hábitos compuestos que usurpan la información de los sentidos.

La interpretación más común dice que la mujer es una víctima y que la serpiente es una embaucadora. Esta lógica se puede revertir. La serpiente ofrece la posibilidad de algo que puede subsanar el error que se va a cometer. Éste es el significado real de la guematría 358. La serpiente ofrece la oportunidad de redimirse y perpetuar el gozo edénico. Demuestra que es el mesías disfrazado. Si la mujer hubiese escuchado y rectificado en su error, el fruto del Árbol de la Vida hubiese sido fácil de alcanzar. La serpiente ha empleado el Nombre Divino *Elohim* en lugar del compuesto *YHVH Elohim*, que se utiliza en el segundo capítulo y en buena parte del tercero. Esto se debe a que Elohim está asociado con el lado izquierdo y el tsimtsum. Las implicaciones de esto son profundas. El tsimtsum presenta la exposición de los reflejos de la mente. La serpiente pone en cuestión lo que los hábitos de la mente harán con esos fenómenos. ¿Sucumbirán a la cosificación de las fijaciones animales o se elevarán más allá de ellas? Es una cuestión de fe.

La serpiente proclama que comer del árbol tornará la vida humana «como [la de] Elohim». A qué árbol se refiere, no se explicita, pero se encuentra implícito. La serpiente está hablando, con toda seguridad, del Árbol de la Vida, que está más allá del nacimiento y de la muerte y constituye la continua gnosis de la Shejiná. Comer su fruto es sinónimo de la anulación de sus añadidos fenomenales, y la eliminación de la identificación con la personalidad y el cuerpo. Esta interpretación del mensaje de la serpiente era fácil de encontrar en los primeros siglos del primer milenio. Aparece en los fragmentos de textos setianos, ofitas y maniqueos que todavía se conservan. Este material fue considerado herético tanto por la Iglesia como por las autoridades rabínicas cuando alcanzó relevancia y fue erradicado (casi) por completo.

La naturaleza de la mente ha sido siempre, y siempre será, «como Elohim». Comer del Árbol de la Vida permitirá alcanzar la realización gnóstica y estabilizará su potencial. Esto revelará que incluso el oscurecimiento de la mente es «como Elohim». Esto se consigna en el texto de forma oblicua. La serpiente añade que comer del árbol concede el conocimiento «de lo bueno y lo malo», lo que indica que el fruto del Árbol de la Vida provee un conocimiento automático del juego del dualismo. Si el fruto se digiere, entonces todos los venenos se materializan como primordialmente puros. La gnosis permite a todos los fenómenos, incluso las posibles ilusiones, mostrar su naturaleza esencial. Así, el fruto del árbol desbloquea el misterio de la adamá única en la que crecen ambos árboles.

Si deben alcanzar su naturaleza «como [la de] Elohim», Adán y su mujer deben percibir el error humano y su origen, y no sucumbir a él. Esto es lo que hace tan perfecto el conocimiento de la serpiente. Se refiere tanto al bien definitivo como a su autoocultamiento. La serpiente simplemente presenta la ramificación completa de la sabiduría incondicionada. Curiosamente, incluso cuando se le ofrece el fruto, la mujer continúa centrada en el Árbol de Daat, del que inevitablemente come.

> «Y vio la mujer que el árbol era bueno para comer, que era agradable a los ojos, y que era un árbol codiciable para alcanzar la sabiduría; y tomó de su fruto, y comió; y dio a su marido, que comió también». (Gen 3:6)

El fruto que toma la mujer no es el que le había ofrecido la serpiente. Sin embargo, su intención señala un deseo de redención a través de la «inteligencia», que es el rasgo distintivo de los seres humanos que hace posible su desarrollo. Éste no se encuentra en los animales, que simplemente se adhieren a su instinto y a los hábitos de su especie. Esto no quiere decir que los seres humanos comprendan ese deseo o que lo persigan adecuadamente. De forma esencial, el impulso de adquirir inteligencia es sinónimo del deseo de ser feliz. Este anhelo está profundamente conectado con el deseo de liberarse de las limitaciones de las mezquinas fijaciones. Incluso cuando los seres humanos se aferran a tendencias neuróticas, lo hacen siempre con la esperanza inconsciente, secreta, de que inopinadamente algo suceda y emerja la felicidad natural de la libertad abierta. Tal es la motivación central de toda conducta.

Está claro lo que hace sufrir a los seres: la claustrofóbica adicción a los constructos mentales que elaboramos. También sabemos lo que hace que los seres humanos sean definitivamente felices: la liberación de los hábitos constrictivos. Ésta es la única base sobre la que reposa la inteligencia que se busca en el jardín. No se trata de una proeza intelectual; es la claridad natural gnóstica que surge espontáneamente con gozo edénico. Por lo tanto, la verdadera felicidad y la inteligencia son sinónimas. Éste es el imperativo que se halla bajo el acto de comer un fruto, incluso del fruto equivocado, como es el caso de nefesh y ruaj en el texto que nos ocupa.

> «Los ojos de ambos fueron abiertos, y descubrieron que estaban desnudos. Entonces cosieron hojas de higuera, y se hicieron delantales». (Gen 3:7)

Comer del Árbol de Daat deja al ruaj y el nefesh indefensos ante la embestida de los puntos de referencia dualistas. A causa de esto, la mente es vulnerable al pensamiento discursivo, y manifiesta un hambre de orden, que deriva en frustración. Ésta es la vulnerabilidad desnuda del ego, que sólo manifiesta pequeñez, insignificancia y alienación en relación con la enormidad del espacio. Cuando la mente se toma a sí misma por un sujeto, el mundo de los objetos es todo aquello que la rodea. Se encuentra desnuda en este momento de confrontación, que la empequeñece y le arrebata cualquier sensación de seguridad. Sólo el ego considera o cree en un sentido de seguridad, en primer lugar. Ésta es la base de todos los mecanismos de defensa del egocentrismo. Así, la reacción de cubrirse y esconderse es inevitable, y eso es exactamente lo que hacen el hombre y su mujer.

> «(3:8) Oyeron la voz de YHVH Elohim que paseaba por el jardín al aire del día. Adán y su mujer se escondieron de la presencia de YHVH Elohim entre los árboles del jardín. (3:9) YHVH Elohim llamó al hombre, y le dijo: "¿Dónde estás?" (3:10) Y él respondió: "Oí tu voz en el jardín, y tuve miedo, porque estaba desnudo, así que me escondí"». (Gen 3:8-10)

Esconderse es la reacción instintiva a la sensación de alienación y miedo del ego. ¿Dónde se puede esconder? La respuesta es tanto interior como exterior. Nos escondemos en la conceptualidad misma y en los constructos mentales que crea, en primera instancia, la necesidad de esconderse. Cuando se le pregunta, Adán sólo puede aludir a su miedo como justificación de haberse escondido. El ocultamiento de Adán responde a una característica única del egoísmo: la sensación de que hay una «presencia» en mitad de los movimientos de la mente. Esta sensación del «Yo» es el sujeto ficticio que percibe toda la actividad fenomenal. Se esconde bajo el complejo aluvión de hábitos que fabrica. El intento de la presencia de intentar «gobernar» esta jungla de actividad que define la arrogancia humana. Por supuesto, siempre fracasa. Sabemos, aun de forma inconsciente, que ésta es la base del miedo existencial, que es como una sombra constante. Por este motivo, el ocultamiento de Adán y su mujer constituye la imagen arquetípica de ruaj y nefesh, perdido y vulnerable, a la merced de un huracán de hábitos generados por ellos mismos pero que no pueden controlar.

Aquí es donde la religión exotérica busca protección en la figura paternal de Dios, que no hace sino perpetuar el problema sin abordar la causa que lo origina. Esto plantea que los seres humanos pueden «esconderse en Dios» a través del dogma y la adhesión a normas autoritarias. Esta solución insatisfactoria se puede reemplazar por la contemplación de la unidad de la adamá y la búsqueda del Árbol de la Vida que crece en ella, y que comienza por reconocer la Imagen Divina como nuclear a todos los fenómenos. Esto implica asumir una responsabilidad radical de la mente y enfrentarse a la raíz del miedo. Después, no habrá motivos para esconderse de nada.

Resulta ridículo, incluso en un sentido exotérico, pensar que un hombre puede esconderse de Dios. Es una idea que marca la siguiente fase de maduración de Adán, que no ocurre en el relato bíblico. Sucede cuando la Imagen Divina se redescubre mientras se suceden los fenómenos. Esto implica que Adán es un trabajo en proceso, como lo somos los seres humanos, que se halla entre la tiranía de los hábitos y el despertar.

> «Y Él le dijo: "¿Quién te dijo que estabas desnudo? ¿Has comido del Árbol del que yo te mandé no comieses?"» (Gen 3:11)

Adán y su mujer no comieron del Árbol de Daat como un acto de rebelión o desafío. Era algo que no podían evitar. Estaba «establecido», si se quiere. Los seres humanos nacen ingiriendo la dualidad, aunque no lo hayan escogido. Esto permite la perpetuación de los instintos animales, que buscan alimentarse y protegerse de la hostilidad del mundo exterior a toda costa. Esta actitud está totalmente desprovista de la capacidad de evaluar sus hábitos, y mucho menos, su naturaleza.

Cuando YHVH Elohim le pregunta a Adán si ha comido del árbol, le está preguntando por el estado de su condición mental. Es un balón de oxígeno. Tomar conciencia de la condición de la mente es un paso necesario en el proceso de crecimiento. En este y en todos los textos espirituales, esta evaluación debe llevarse a cabo. Es equivalente a preguntarse «¿Qué estoy haciendo realmente?». Es este momento de reconocimiento el que permitirá dirigirse a todos los hábitos cognitivos, y a partir de este trabajo podrá comenzar la reparación.

> «El hombre respondió: "La mujer que me diste por compañera me dio del árbol, y yo comí"». (Gen 3:12)

Cuando el movimiento del ruaj se confronta con su estado real, inmediatamente es presa del pánico y se vuelve hacia el nefesh. El ruaj convencional está fijado en el cuerpo y en la materia. La percepción ordinaria se basa en una sensación de vitalidad limitada por la asunción de la tangibilidad y la solidez. La conciencia se define por su concepción de lo que son el cuerpo y sus límites. El cuerpo se considera como la realidad definitiva, la prueba de la mismidad y la base más fiable sobre la que se alza la percepción. Es la comodidad que los seres humanos alcanzan al pensar que existen. Es natural que la aceleración del movimiento de la mente mire hacia el cuerpo cuando se pregunte qué le está sucediendo. Así, Adán señala a su mujer con el dedo y la acusa.

> «Entonces YHVH Elohim dijo a la mujer: "¿Qué es lo que has hecho?". Y dijo la mujer: "La serpiente me engañó, y comí"». (Gen 3:13)

La serpiente le dijo a la mujer la verdad sobre el Árbol de la Vida: que la muerte es irrelevante en el estado edénico. La serpiente no la embaucó. La mujer se engañó a sí misma, y este error hizo que la condición edénica se volviese imposible para ella. Aunque la serpiente no mentía, tampoco corrigió el error de la mujer, lo que nos conduce a dos conclusiones relevantes: la primera, que el alcance de nefesh es demasiado limitado como para que sostenga el estado edénico por sí mismo; la segunda, que la ignorancia y la sabiduría son iguales a ojos de la serpiente. Najash es un poder ecualizador que no traza esta clase de distinciones. Sólo la unión de ruaj y nefesh puede expresar la libertad creativa que es necesaria para alcanzar el conocimiento cuando ha sido posible reconocerlo.

Introducido en el estado dualista, el nefesh no es capaz de aceptar la equidad. Cuando se le presenta a través de un conocimiento que excede sus limitaciones, el nefesh sólo puede conducirse a sí mismo y al ruaj al engaño. La enseñanza nuclear que puede extraerse es que la conciencia humana puede mostrarse con la verdad de la naturaleza no dual de la mente, pero sus hábitos de conceptualidad dualista facilitarán el error hasta que un factor desconocido emerja. Esto continuará hasta que estemos preparados para reconocer este ciclo y darnos cuenta de lo que es, entonces nos resistiremos a nuestros hábitos con la ayuda de aquellos que lo han logrado antes que nosotros. Esto sólo podrá suceder cuando se dé una intercesión radical procedente de una fuente de sabiduría. Hasta entonces, metáforas como ésta pueden iluminar el ciclo de las ilusiones habituales que desembocan en el sufrimiento humano. El reconocimiento es la base sobre la que fundar el crecimiento espiritual futuro.

> «YHVH dijo a la serpiente: "Por cuanto esto hiciste, maldita serás entre todas las bestias y entre todos los animales del campo. Sobre tu pecho andarás, y polvo comerás todos los días de tu vida"». (Gen 3:14)

La volubilidad de la serpiente es natural, ¿por qué debería ser maldecida? La maldición implica peligro. La volubilidad de la serpiente sólo es peligrosa para el nefesh y el ruaj en su condición «animal». El estado reaccionario animal es el común denominador más bajo de la vida humana. Sólo se ve concernido por la autopreservación (la base del ego). La gnosis acepta los riesgos de la transformación, mientras que el estado animal huye de ellos. Para la mente humana en evolución, el riesgo que entraña la serpiente es un valioso tesoro que expresa el dinamismo de Bereshit a través de la posibilidad de cambio. Por contra, la distorsión dualista de NeR celebra la ilusión de la permanencia, y sólo siente interés por su fabricado interés en sí mismo.

Todos los «castigos» simbolizan la degradación de un punto de vista. El poder de la serpiente no puede ser realmente castigado. Su maldición refleja cómo el NeR gestiona su tensión básica desde el punto de vista de la fijación dualista, por lo que la inestabilidad de la manifestación es una «maldición» que sólo causa sufrimiento. La maldición de la serpiente consiste en obligarla a habitar en la adamá. La adamá es el territorio de la Shejiná, por lo que el «castigo» de la serpiente consiste en tener que alimentarse a sí misma, oculta en el ámbito de la apariencia. De nuevo, este castigo lo es sólo desde un punto de vista convencional. Significa que el conocimiento de la serpiente se ocultará y no se ofrecerá libremente, como se ofrecía en el estado edénico.

Existe una pura tensión transformativa incorporada a la forma en la que las cosas se muestran. La apariencia no es otra cosa que esto, implica que todas las apariencias son cruciales, incluso aunque parezcan comunes e irrelevantes. Debe tenerse un gran cuidado con lo que se hace con cada detalle de los fenómenos, ya que sólo desde ellos surge el «mesías» de la naturaleza reflectante de la mente. Todos los errores y éxitos humanos emergen de la misma adamá. La maldición de la serpiente es una bendición porque señala exactamente dónde puede comenzar la exploración. La adamá es el lugar en el que se encuentran ocultas las raíces de ambos árboles y contiene la clave para descubrir el Árbol de la Vida y su fruto. La inocencia primordial del Edén puede resurgir si este árbol es descubierto. El gran mensaje gnóstico es que está escondido en aquello que hemos dado por supuesto en nuestras vidas.

> «"Pondré hostilidad entre ti y la mujer, y entre tu descendencia y su descendencia; ésta te herirá en la cabeza, y tú le herirás en el calcañar"». (Gen 3:15)

Este versículo enuncia la difícil y compleja relación entre el nefesh y la tensión transformadora. El antagonismo surge cuando la inclemente volatilidad del cambio choca con la concepción de sólida autonomía de los seres humanos. La muestra definitiva de la colisión entre el cambio y el nefesh es la *muerte*. La asunción de que existe una entidad autónoma que puede morir hace parecer que la serpiente era una mentirosa. Desde la perspectiva del pensamiento convencional parece un supuesto fiable. Esto es porque el nefesh ofrece la sensación de una presencia bruta que parece confirmar esta ficción. Para los seres convencionales, el cuerpo parece reclamar fijación sobre sí mismo, hasta que deja de haber un cuerpo en el que fijarse.

Sin embargo, como afirma Bereshit, todo está en continua agitación. Nada permanece. A causa de esto, es inevitable la tensión entre la asunción de la solidez y el devorador fuego del cambio. De aquí procede que la respuesta instintiva de Adán a su desnudez fuese el miedo y la sensación de vulnerabilidad. En esta fase de la narración, todo se torna maldición para los tres protagonistas.

La gente suele hablar de «mi cuerpo» o de «mi mente» como si fuesen monedas en nuestros bolsillos. El testimoniaje o la sensación de «Yo» que percibe estos objetos nunca puede hallarse. Cuando los seres humanos intentan sostener esta afirmación en un terreno que es obviamente cambiante, siempre existe la sospecha de que algo es incorrecto.

En tanto que la volubilidad transformativa de la serpiente deteriora la ilusión de la solidez a la que se aferran el nefesh y el ruaj, el sufrimiento está asegurado. Esto sucede de forma automática a medida que nos alcanzan los años, la enfermedad y la muerte. Ésta es la angustia de la que hablaban los filósofos existencialistas del siglo xx, que se encontraban entre la vanidad de la autoconfirmación lógica y la sensación de que estaban terriblemente equivocados en algo. Es la acuciante irritación que surge de la incapacidad para determinar exactamente qué es el ser y dónde se encuentran su inicio y su final. Atrapados en este predicamento existencial, basamos nuestras esperanzas en endebles límites de origen y cese. Cuando ocurre la inevitable disolución de la forma, aparece el pánico, como resultado de la «hostilidad» entre la mujer y la serpiente que anticipa el texto.

La hostilidad entre el poder transformador y la fijación del cuerpo es una sencilla evidencia del ego. Desde la perspectiva de la percepción convencional, la inevitabilidad del cambio es un «castigo» y, de este modo, la serpiente está condenada a irritar el sentido de seguridad al que nos aferramos cuando tratamos desesperadamente de comprender la vida como una autonomía quimérica.

El versículo concluye con una afirmación críptica: «ésta te herirá en la cabeza, y tú le herirás en el calcañar». Esta frase está dirigida al nefesh. La serpiente golpea al nefesh en la «cabeza», su centro de control. En el interior de la inmanente vitalidad del cuerpo se encuentra un «cerebro», que representa su sentido de orden interno. Así, golpear la cabeza del nefesh es golpear la lógica organizativa de la fijación en el cuerpo y la egocéntrica ilusión de la identidad. Es el resultado directo de comer del árbol equivocado.

La mujer se venga golpeando a la serpiente en su talón. Para comenzar, ¿por qué tendría la serpiente un talón? ¿Acaso tiene pies? La sentencia que se había dictado anteriormente, en el versículo 3:14, la condenaba a *reptar* sobre el polvo, lo que implica que había sido derribada. Deducimos que se habían cortado sus piernas.

La imagen de una *serpiente en pie* representa la capacidad de la volatilidad transformadora para afirmarse a sí misma, tal como lo hace la Imagen Divina. Esto afirma su prestigio como el dinamismo esencial de la creación que cohabita con Adán y los árboles en el jardín. Estar en pie implica verticalidad. La *verticalidad* corresponde a la actividad masculina, mientras que la *horizontalidad* corresponde a la receptividad femenina. Hasta que es abatida, la serpiente en el Edén es una afirmación de poder activo. En contraposición, cuando es arrojada a la conceptualidad ordinaria, la serpiente se «esconde» antagónicamente en los cimientos de las apariencias. La serpiente es enterrada en el plano horizontal de la tierra, reducida a la condición de agente conflictivo, corrompiendo todos los pensamientos del ego sobre lo que es real y lo que no. Desde esta posición degradada, el sentido humano de la inmanencia (nefesh) también se rebaja a la «tumba» de la apariencia inerte de la materia, que es sinónimo de la creencia en la muerte *(véase* figura 16).

Figura 16. (Michael Maier. *Atalanta Fugiens,* 1618)

En este punto debería estar claro que todos los castigos Divinos son recursos literarios que describen las consecuencias de creer en las realidades superficiales como forma de vida. La mujer golpeando a la serpiente implica que es el nefesh quien, de hecho, amputa sus pies. Esto no queda del todo claro en el texto. La ambigüedad plantea la cuestión de si es el poder de la transformación de los hábitos del nefesh lo que «causa» la caída del hombre. Pero no es tan sencillo. No hay otra causa que el erróneo estado de egocentrismo, que se autoperpetúa y sólo depende de sí mismo.

La amputación de las piernas de la serpiente es un reflejo de su asalto a la cabeza de la mujer. La sensación de independencia corpórea es atacada en su punto más alto (la cabeza), y dicho ataque permite a la tensión transformativa engendrar una concepción distorsionada de la propia manifestación (los pies). Una cosa sigue a la otra, completando el círculo del Uróboros. Si existe una creencia previa en «lo alto y lo bajo», es inevitable que se ataquen mutuamente. Los pies de la serpiente representan su fuerza motriz. Su disposición vertical original se pone de manifiesto cuando le habla tanto a ruaj como a nefesh. Una vez que se la priva de la capacidad de moverse, se vuelve silenciosa y se esconde en la tierra. Esto conecta el habla con la afirmación activa.

La realización gnóstica expresa el poder para moverse y comunicarse vívidamente y con sentido. Sin embargo, se esconde en la percepción ordinaria y no se presenta a los seres humanos tan fácilmente. Así, el futuro de la serpiente, la gran heroína olvidada de la Biblia, parece silencioso, invisible e impotente. Ésta es la última mención de la serpiente que nos ofrecerá el Génesis:

> «A la mujer dijo: "Multiplicaré en gran manera tus sufrimientos y tus embarazos; con dolor parirás los hijos. Desearás a tu marido y él te dominará"». (Gen 3:16)

Los «hijos» del nefesh son sus impresiones de vitalidad inmanente y su presencia tanto interna como externa. En el estado de fijación dualista, estas impresiones conducen al castigo o al sufrimiento. Cualquier cosa que se desee puede ser denegada; cualquier cosa que ofrezca placer puede perderse en un instante. El cuerpo enfermará y morirá. Cuando se disuelva definitivamente, perderemos todo aquello que haya sido captado, cada precioso recuerdo, y el vínculo con todos nuestros seres queridos. Todas las posesiones serán disfrutadas por los otros. Todo lo que quedará será el momentum creado por los hábitos de la fijación, que será la influencia que caracterizará el renacimiento.

El texto le dice a la mujer: «Desearás a tu marido y él te dominará». El ruaj es el esposo, que es el movimiento que conducirá al NeR hacia su identidad egocéntrica. El nefesh no posee identidad sin el ruaj, es sólo una sensación. El egocentrismo surge cuando el ruaj asume la lógica corpórea. El ego se coloca en Yesod, y así se sella la ficción. Su corrupción es facilitada por el movimiento del ruaj, ya que refleja la hostilidad que perpetúan el nefesh y la serpiente. Todo el NeR queda envuelto por esta locura, y se vuelve adicto a la noción de su propia existencia, que se daba en la imagen autónoma del cuerpo. El vínculo disfuncional entre nefesh y ruaj oculta Yesod entre ellos, e interrumpe el potencial zivug que podría llevarse a cabo.

La dependencia que el nefesh tiene del ruaj en materia identitaria es parte del instinto de supervivencia animal. Hace imposible que el cuerpo simplemente «sea», sin una identidad ficcional impuesta sobre él. Este círculo vicioso es a lo que los seres engañados se aferran, y nada más se puede conocer sin su mediación.

> «(3:17) Y al hombre dijo: "Por cuanto obedeciste a la voz de tu mujer, y comiste del árbol de que te ordené no comer, maldita será la adamá. Con dolor comerás de ella todos los días de tu vida. (3:18) Crecerán espinos y cardos, y comerás hierba del campo. (3:19) Con el sudor de tu frente comerás el pan hasta que vuelvas a la adamá, porque de ella fuiste tomado: pues polvo eres, y en polvo te convertirás"». (Gen 3:17-19)

Resulta muy interesante que la maldición del hombre lo dirija hacia la adamá. Plantea una cuestión: ¿dónde comienza Adán y dónde termina la adamá? Realmente, es una maldición dirigida a cómo los seres humanos se relacionan con el terreno de la percepción. Además, relaciona los problemas de Adán con los de la serpiente abatida, de lo que resulta una paradoja.

El territorio de las apariencias es un simple fenómeno sin significado conceptual alguno. Las distorsiones del ruaj le imputan un significado conceptual. Esto transforma la información de los sentidos en materia egoica. Literalmente, esto maldice el ámbito de la percepción desordenándolo. Todas estas maldiciones son producto de lo que la mente se hace *a sí misma*. La clave de los pasajes del capítulo sobre el castigo es entender las consecuencias derivadas del dominio del hábito sobre la realidad.

Aunque los hábitos del ruaj dominen al nefesh, es el concepto del cuerpo lo que guía dicha dominación. Por eso está escrito que el hombre fue maldito «porque escuchó a su mujer». El ruaj cree que es independiente porque el cuerpo se le presenta de esta forma y, al mismo tiempo, el cuerpo se vuelve adicto a los pensamientos autorreferenciales confeccionados por el ruaj para reforzar su identidad ficticia. Este ciclo está tan firmemente tejido que nada más allá de sí mismo se puede reconocer.

El mandamiento de que Adán deberá «comer hierba del campo» evoca el tercer día de la creación, en el que los tres tipos de vegetación simbolizan los tres aspectos de la energía: energía efímera que se consume en el momento (hierba), ciclos de energía (hierba con semillas), y la raíz de la expresión energética, que conduce al corazón de la reacción (árboles frutales). Las hierbas que contienen semillas, los ciclos de la energía, se consignan en el versículo 3:18 como el alimento que caracteriza a la humanidad en su estado dualista. Esto implica que los humanos estaremos obsesionados con los patrones temporales como el nacimiento y la muerte, los ciclos de la cosecha, las horas del día, las estaciones del año, etc., hasta que muramos. El tiempo y sus fenómenos sumergen la conciencia en bucles temporales. La obsesión con ellos asegura que el Árbol de la Vida permanezca oculto.

> «Adán llamó a su mujer Eva *(Javá)* porque ella es la madre de todo lo viviente». (Gen 3:20)

En este momento la mujer recibe su nombre de Adán, de la misma manera que nombró al resto de seres inferiores en el reino del Edén. Este acto reduce al nefesh al estatus de «cosa». Certifica el dominio conceptual sobre el nefesh ejercido por el ruaj, de la misma manera que los constructos mentales dominan todo lo demás. Sin embargo, existe una profunda diferencia: Eva es, literalmente, parte de Adán. Esto ofrece la posibilidad de que puedan formar un zivug una vez que se hayan liberado de este hábito. Hasta entonces, los pensamiento de la mente dominarán el cuerpo y su presencia se convertirá en un libro cerrado. Esto es al mismo tiempo el crimen y el castigo.

El nombre *Javá* (Eva) procede de la misma raíz que la palabra *jai*, que significa «vida». Remite a lo que realmente es el nefesh: la Shejiná. Eva es literalmente el espacio madre de los fenómenos. Lo cierto es que la naturaleza del nefesh es igual a Elohim. Por lo tanto, su designación como «madre de todo lo viviente» es muy importante. Sugiere que no importa cómo de severa sea la dominación de la conceptualidad, la naturaleza esencial innata del nefesh se puede comprender por lo que realmente es. Podemos ocultarla, pero no hay manera de «destruirla».

> «Y YHVH Elohim hizo para Adán y su mujer abrigos de pieles *(aur)*, y los vistió». (Gen 3:21)

Éste es un pasaje profundamente cabalístico. La palabra hebrea para «piel» es *aur*. Se escribe *ayin-vav-resh*, y se pronuncia de la misma forma que la palabra *aur*, que significa «luz», y que se escribe *alef-vav-resh*. En este contexto, entre *alef* y *ayin* hay un mundo de diferencia. La piel que cubre a Adán y Javá es la superficialidad y la oclusión cognitiva, que oculta su auténtica naturaleza. Su naturaleza es la luz, aur primordial. La guematría de la palabra *aur* (con *alef*, luz) es 207. Como se ha escrito anteriormente, comparte la guematría con las palabras *Ain Sof* y *raz* (misterio). Lo que está en juego es la apreciación de esta conexión. Cubrirla con una capa de piel es sinónimo de ceguera, y de una vida de estúpida mediocridad. Esto es lo que el *brit* (la circuncisión) repara simbólicamente.

Las primeras letras son muy importantes en la cábala. La *alef*, cuyo valor numérico es 1, representa la unidad y la completitud, que conduce a la comprensión de la naturaleza esencial de la luz. La esencia de la *alef* está presente en el nombre de Adán (ADM). Puede ser leído como *alef-dam*. La palabra *dam* (DM) significa «sangre». Por lo tanto, un ser humano expande la sangre animal hacia la gnosis de la unidad.

El símbolo esotérico de la *ayin* es el ojo. Ésta es una de las claves más importantes de todo el mito del Edén. El ojo es un símbolo de la percepción. Ésta es precisamente la función que se corrompe al tomar el alimento dualista del Árbol de Daat. En su estado distorsionado, el ojo engaña a la mente y causa un daño terrible. Envuelve el espacio brillante de la luminosidad en un manto de piel ordinaria que imputa sustancialidad y tangibilidad a todo lo que se ve. Ésta es la maldición final que la mente lanza sobre sí misma.

> «YHVH Elohim dijo: "He aquí que Adán se ha convertido en uno de nosotros, conociendo el Bien y el Mal. Ahora, pues, debe impedirse que alce su mano, y tome también del Árbol de la Vida, y coma, y viva para siempre"». (Gen 3:22)

Este versículo afirma diversas cosas de forma muy clara. En primer lugar, que Adán también había comido del árbol equivocado. En segundo lugar, que esto lo había convertido «en uno de nosotros» (lo que remite a la pluralidad en sí misma). Su habituación al contraste entre el Bien y el Mal lo identificó directamente con apariencias fragmentadas. Éste sería uno de los niveles de significado del versículo, pero «como nosotros» también podría significar «como YHVH Elohim». El texto es ambiguo en este punto. ¿Es dios múltiple? Esta interpretación ilustra que la Divinidad no es sólo un ideal de bondad. Es el todo, y como unidad completa incluye todas las posibles variaciones, incluyendo las ilusorias. Esto significa que debe incluir la imperfección, así como incluye la perfección; es decir, tanto el Árbol de Daat (el Bien y el Mal) como el Árbol de la Vida. Esta enseñanza altamente esotérica es crucial para el capítulo.

Como Adán sólo ha comido del Árbol de la Dualidad, debe aprender por el camino complicado. Éste es el comentario definitivo sobre la condición humana: sólo puede crecer y aprender a partir del ensayo y el error. Prevenir a Adán de comer del Árbol de la Vida es una forma de expresar que la dualidad no puede penetrar en la no dualidad cada vez que se le antoje. Existe un largo y arduo camino hacia el crecimiento espiritual que se debe respetar. Ésta es la única forma de mitigar los hábitos dualistas.

La noción de que los seres humanos ordinarios pueden alcanzar de forma sencilla la iluminación es pura fantasía. Este versículo expresa claramente que la lucha es inevitable cuando se persiguen objetivos espirituales, y que luchas con los hábitos dualistas actuales es la única forma de regresar al Edén. Lo que el texto no menciona es que prevenir a Adán de comer del Árbol de la Vida es una privación temporal, como han demostrado todos los grandes tzaddikim.

> «YHVH Elohim lo expulsó del Jardín del Edén para que trabajase la adamá de la que fue tomado». (Gen 3:23)

Esta frase indica exactamente en qué consiste el trabajo espiritual que purifica los ocultamientos cognitivos. Uno debe trabajar la tierra de las apariciones como si se tratase de la propia naturaleza de la mente. Ésta es la esencia de la óptica gnóstica. Los fenómenos y la mente que los percibe son la totalidad del trabajo. La única forma para entenderlo no es ni la filosofía ni las ideas, sino trabajando la adamá de cada forma concebible. Ésta es la razón por la que Adán abandona el estado edénico, y será de esta manera cómo comprenderá que nunca ha dejado de estar en él, sólo que permanece oculto.

Si esto es así, su marcha es una ilusión, por lo que podemos concluir que, de hecho, nadie abandona el Edén. Esta narración está escrita desde el punto de vista de un ser humano ordinario. Pensamos que hemos abandonado nuestro origen Divino. Creemos que hemos sido arrojados al terror, pero son meras ficciones temporales por más que nos parezcan muy reales. Por este motivo, es obligatorio trabajar intensamente para poder despojarnos de los hábitos de la mente, que funcionan a un nivel tan profundo que no podemos imaginar la vida sin ellos.

> «Echó a Adán y al oriente del Jardín de Edén puso QUERUBINES, y una espada llameante que se giraba en todas direcciones para guardar el camino hacia el Árbol de la Vida». (Gen 3:24)

El último versículo de la narración del Edén describe las fuerzas de la mente que separan el estado edénico de la ilusión ordinaria. Esto ilustra lo que se halla en la práctica espiritual cuando se enfrenta a lo que se ha ocultado. Consiste en querubines, que son las energías custodias del reino yetzirético (el reino del ruaj). Los querubines son seres yetziréticos muy especiales. Están directamente asociados a Yesod, donde se integran el ruaj y el nefesh con el brit (pacto o circuncisión). La eliminación de las klipot de las obsesiones conceptuales que reabre las puertas del Edén es una «circuncisión de la mente».

Que el ruaj perciba la unidad de las aguas superiores e inferiores depende de la integración de sus tres sefirot centrales: Daat, Tiféret y Yesod. Como el arcoíris, las puertas del Edén las incluye como una función compuesta. Sin embargo, todas estas funciones dependen de Yesod, y, en cierto sentido, también depende de ella la unidad de toda la Imagen Divina. Si Yesod actúa como barrera entre Tiféret y Maljut (el Edén y el Jardín), de ninguna manera podrá alcanzarse unidad alguna, pero si Yesod facilita la unión, entonces las aguas superiores e inferiores se unen a la completitud de la Imagen. Por lo tanto, Yesod es la propia puerta, y su guardia angélica posee una función de gran relevancia.

Una correspondencia bíblica entre los querubines y Yesod se encuentra en el sanctasanctórum del Templo de Jerusalén. En el más sagrado de los espacios se encontraba un «arca» que contenía la Torá original de Moisés, así como otros objetos sagrados. Sobre el arca, en su cubierta, había dos figuras de querubines alados, tallados en una sola pieza de oro. Estas dos figuras eran masculina y femenina. Cuando el estado del cuerpo de Israel se hallaba en perfecta armonía y el zivug Divino iba a ser consumado, los querubines se cerrarían en un abrazo sexual. En cambio, cuando la desarmonía y tohu se manifestaban, se daban la espalda el uno al otro, ya que representaban el Yesod de todo el reino de la humanidad.

Los querubines están situados en el este del jardín, que es el aspecto de Tiféret. Se dice en el Éxodo que la Shejiná «habla» a través de los dos querubines del sanctasanctórum. Se consideraba que los profetas que habían tenido la capacidad de entrar en contacto con la Shejiná obtenían la shefa directamente del punto en el que los querubines se encontraban. Ésta es una metáfora de la unión de la mente y el corazón del zivug. En el punto de encuentro de los querubines, Tiféret (el este) se vincula a Maljut (el jardín). Concentrarse en dicho punto de unión es literalmente una meditación sobre la unión que hace que las aguas superiores se manifiesten.

Este significado profundo es mencionado por Abraham Abulafia, el gran místico del siglo XIII. Aquí cita el Éxodo añadiendo algunos comentarios. Nótese cómo la cubierta del arca está directamente alineada con un «árbol»:

> «La Shejiná que mora en la tierra habla al hombre "desde arriba de la cubierta del arca, de entre los querubines" (Éxodo 25:22). En un sentido primordial, la cubierta del arca es como la imagen de un arcoíris. Los dos querubines aluden a la Shejiná: son su acción y reacción, su masculino y su femenino. Fueron forjados como un solo cuerpo con dos formas. Cuando se miran el uno al otro, el Nombre Divino se halla entre ellos. Todo esto era como un árbol sobre la cubierta del arca». *(Vida en el mundo venidero)*

Algunos cabalistas sitúan un único querubín en la puerta del Edén, y relacionan este ángel con el arcángel Metatrón. Metatrón es el guardián de la presencia de la Shejiná en las mentes de los seres, y es como un guardián de las puertas del reino espiritual. Esta figura hace el trabajo de los dos querubines unidos en un abrazo sexual. En su forma más esotérica, Metatrón posee ambos aspectos, tanto el femenino como el masculino. Cuando Metatrón vigila el paso de practicantes espirituales hacia los círculos interiores de la realización, muchas puertas son protegidas o abiertas; sin embargo, todas estas puertas son aspectos de la puerta del Edén. El nombre Metatrón es numéricamente equivalente al nombre de Yesod: *Shaddai* (314). Esta armonización entre el punto de unión con este ángel es increíblemente importante para los cabalistas y, ciertamente, indica el paso de entrada o de salida del estado edénico.

La espada llameante en rotación que se halla en la puerta del Edén es el propio movimiento dinámico de la mente. Cuando cae en el pensamiento discursivo, esta espada bloquea la entrada a la pura luminosidad y el espacio más allá del caos. El símbolo de la espada indica el poder discriminatorio de la mente, específicamente, el atributo de Gevurá, que crea barreras. La espada de la mente «corta» las formas y los significados de los pensamientos y los separa unos de otros. Puede también discernir el camino de la realización espiritual y el camino del engaño terrenal. Por lo tanto, como todo aquello que está asociado a Gevurá, puede utilizarse para el beneficio o para el daño. El aspecto llameante de la espada es otro atributo del lado izquierdo. El fuego también discrimina al consumir o dejar porciones de cualquier cosa que se le acerque. Una espada llameante en rotación con los ciclos de la mente es la influencia de la Gevurá en Yesod. Una influencia tal que previene la realización de la unión y la utilización de cuya fuerza, de forma apropiada y pura, en cambio, facilita esta misma unión una y otra vez.

APÉNDICE I

Sinopsis cabalística de los tres capítulos

CAPÍTULO 1: EL CIANOTIPO DE LA CREACIÓN

Primera etapa: Creación primordial

«(1:1) Con inicialidad, Elohim creó los cielos y la tierra».

1. La palabra «Bereshit» establece la naturaleza primordial de la creación. Afirma el Ain Sof como la guía unificadora de Kéter junto con su naturaleza cognitiva radiante, que es Jojmá.

   «(1:2) La tierra estaba *tohu* y *bohu,* la oscuridad cubría la faz del abismo y el aliento de Dios planeaba sobre la superficie del agua».

2. La «tierra» se refiere al estado primordial de los fenómenos, que es el aspecto Maljut de la Shejiná.

3. La creatividad bruta del Ain Sof se presenta como «Ruaj Elohim», que es el aspecto Daat de la Shejiná. Desde la perspectiva humana, sus tendencias creadoras son «tohu y bohu», los aspectos interactivos de la luminosidad y el espacio correspondientes a Jojmá y Biná.

4. El Ruaj Elohim es la suma de las tres sefirot superiores proyectadas como la totalidad de la actividad creadora, de forma que constituye la base de los seis atributos (días) que se describen en lo que resta de capítulo.

Segunda etapa: Los seis atributos del movimiento creador

> «(1:3) Elohim dijo: "Sea la luz"; y fue la luz. (1:4) Elohim vio que la luz era buena; y Elohim separó la luz de la oscuridad. (1:5) Elohim llamó a la luz "día", y a la oscuridad, la llamó "noche". Y fue la tarde y la mañana un día».

1. Jesed (día uno): La luz brilla como una quíntuple expresión de la Shejiná primordial *(he* = 5). Esto se aprecia en las cinco menciones a la palabra hebrea *aur* (luz) en el texto.

> «(1:6) Elohim dijo: "Haya espacio en mitad de las aguas, y divida las aguas y las aguas". (1:7) Elohim creó el espacio, y dividió las aguas que estaban debajo del espacio, de las aguas que estaban sobre el espacio. Y así fue. (1:8) Elohim llamó al espacio "cielo". Y fue la tarde y la mañana del día segundo».

2. Gevurá (día dos): Intervalos quíntuples articulan la estructura creativa de los fenómenos. Esto se observa en las cinco menciones que hace el texto a dos palabras que evidencian contraste: *rakia* (intervalo, espacio o expansión) y *mayim* (agua).

> «(1:10) Elohim llamó a lo seco "tierra", y a la reunión de las aguas llamó "mares". Y vio Dios que era bueno. (1:11) Elohim dijo: "Produzca la tierra hierba verde, hierba que dé semilla; árbol que dé fruto según su género, que su semilla esté en él, sobre la tierra". Y así fue».

3. Tiféret (día tres): Se presentan las tendencias aparicionales de lo fijo (tierra seca) y lo volátil (mares). La metáfora de la vegetación expresa este poder contrastivo en tres fases energéticas (hierbas, hierba con semillas, y árboles frutales).

> «(1:14) Elohim dijo: "Haya luces en la expansión de los cielos para separar el día de la noche; y sirvan de señales para las estaciones, para los días y para los años"».

4. Netzaj (día cuatro): La luminosidad expansiva se expresa de forma relativa y diferenciada como «luces».

> «(1:24) Elohim dijo: "Produzca la tierra criaturas vivientes…"».

5. Hod (día cinco): Se afirma la diferenciación entre los distintos modos de conciencia (criaturas) desde la perspectiva humana. Las aves simbolizan los estados mentales que trascienden las capacidades humanas, mientras que las criaturas marinas son los impulsos subconscientes que subyacen como influencias bajo las primeras.

> «(1:26) Elohim dijo: "Hagamos al hombre a nuestra imagen y semejanza…"».

6. Yesod (día seis): La integración de los seis días en el espacio contextualizador de Maljut sucede a través de Yesod. Aquí es donde se revela la Imagen Divina completa como unión del movimiento y el espacio: el cianotipo del proceso creador. Esto se ve reflejado en la guematría de YHVH (26), que es igual al número del versículo (1:26).

CAPÍTULO 2: EL ESTADO EDÉNICO

Primera etapa: El terreno de las apariencias
(desde la perspectiva de Daat)

> «(2:3) Elohim bendijo el séptimo día, y lo santificó. Se abstuvo de trabajar en toda obra que había creado».

1. Maljut (día siete): El cese de la actividad en el séptimo día se asocia al «descanso» primordial del Ain Sof. Éste es el Sagrado espacio encinto de la Shejiná, que afirma la igualdad esencial entre Biná y Maljut.

> «(2:4) Ésta es la historia de cuando fueron creados el cielo y la tierra, el día que YHVH Elohim hizo la tierra y los cielos».

2. La Shejiná es conocimiento reflectivo. Cualesquiera que sean los hábitos de la mente, los refleja como fenómenos en el mundo. Este axioma se sugiere en el versículo 2:4 a través del contraste entre dos sintagmas: «el cielo y la tierra» y «la tierra y los cielos».

> «(2:5) y toda planta del campo antes que fuese en la tierra, y toda hierba del campo antes que naciese; porque YHVH Elohim aún no traído la lluvia sobre la tierra, ni había Adán (hombre) que labrase la adamá».

3. El terreno de todos los fenómenos lo simboliza el suelo del jardín, llamado «adamá». Esta palabra, en hebreo, se puede dividir en dos partes (Adam-*he*), que son dos aspectos de una unidad indivisible. «Adán» (o «Adam») representa el potencial gnóstico, la oportunidad de alcanzar la naturaleza de la mente. La *he* es la Shejiná, que continuamente nos ofrece dicha oportunidad. Así, la adamá ilustra que la Shejiná es el único modo para los seres humanos de alcanzar la naturaleza de la pureza cognoscitiva, que es el Ain Sof. La adamá

representa la inseparable unidad de la mente y sus contextos. La no-dualidad de la adamá trasciende cualquier distinción relativa a lo interior y lo exterior, el yo y el otro, dios y la creación. Es el completo y perfecto terreno de la realización, cuyo fruto es la gnosis visionaria del estado edénico. Esta unidad se toma desde el singular punto de vista de la Shejiná, que se asocia a Maljut.

4. La adamá necesita que «llueva» para producir su «vegetación». La vegetación es la energía visionaria de Tiféret *(véase* día tres), que se expresa a través de la realización gnóstica. La conciencia es el «agua» que conduce a la adamá a su fructificación gnóstica final. Su florecimiento unifica el movimiento y el espacio (Tiféret y Maljut) en el «fruto» del jardín, como realización espiritual humana.

> «(2:6) Mas subía de la tierra un vapor, que regaba toda la faz de adamá».

5. La adamá genera por sí misma el agua que necesita. Su capacidad para nutrirse a sí misma revela su naturaleza completa y perfecta, a la que no le falta nada. Ésta es la clave para comprender que la mente y sus contextos son coemergentes e inseparables. Esto concede un profundo significado a la noción bíblica de que el hombre fue creado «del polvo de la tierra».

Segunda etapa: Formación de la Imagen Divina
(la perspectiva de Tiféret)

> «(2:7) Formó, pues, YHVH Elohim al hombre del polvo de adamá, y alentó en su nariz un soplo de vida; y fue Adán un alma viviente».

1. La Imagen Divina de Adán es la expresión definitiva de la creación y la completitud. Surge como un vínculo irrompible entre el alien-

to de vida superior y la tierra inferior que se autorriega. El aliento de vida es la cabalística «avira» (espacio luminoso) de la naturaleza esencial de la mente. Su potencial, que es la Shejiná, se despierta en la adamá. Adán es el sello, o el corazón, de la unidad primordial entre estos dos aspectos. Sólo a través de esta fusión gnóstica suprema puede manifestar la Imagen Divina.

2. Tanto Adán como el Edén simbolizan la completitud gnóstica. Su igualdad anula la división entre aspectos internos y externos de la creación. Ambos se expresan desde la perspectiva de Tiféret, que es la armonía entre Kéter (avira) y Maljut (adamá), de las que Tiférét es el punto de equilibrio equidistante.

Tercera etapa: Una tierra y dos caminos
(el jardín y los árboles)

«(2:8) Y había YHVY Elohim plantado un jardín en el Edén, en el este, y puso allí al hombre».

1. El nombre «Jardín del Edén» remite a la unión entre Tiféret y Maljut. El aspecto de «jardín» corresponde a Maljut, que está vinculado a la perspectiva del «Edén» (Tiféret). Su posición en el oriente (oriente = Tiféret) simboliza esto. Así, el Jardín del Edén representa el zivug (unión) de los personajes cabalísticos *(partzufim)* de Zer Anpin y Nukva, que son Tiféret y Maljut, respectivamente. Adán también se corresponde con el zivug, ya que encarna tanto la avira (aliento de vida masculino) como la adamá (la tierra femenina). Sin embargo, Adán es específicamente el aspecto masculino de Zer Anpin, y el Jardín del Edén es el aspecto femenino de Nukva. Cada uno es una faceta de la completa unidad, y refleja la total completitud a través de su perspectiva.

«(2:9) YHVH Elohim había hecho nacer de la adamá todo árbol delicioso a la vista, y bueno para comer: también el Árbol de Vida en mitad del jardín, y el Árbol de Daat del Bien y del Mal».

2. Los dos árboles del jardín representan dos caminos distintos que pueden expresar igualmente la adamá. Éstos son el camino de la gnosis y el camino de la percepción convencional. Ni el estado visionario místico ni la superficialidad dualista pueden alterar la adamá en modo alguno. Esto es porque la naturaleza esencial de la Shejiná es primordialmente pura, y es únicamente un «bien supremo» más allá del contraste dualista entre «el Bien y el Mal». En resumidas cuentas, desde la perspectiva gnóstica, incluso aquello que parece malvado en términos convencionales es definitivamente bueno.

3. Se indica que el Árbol de la Vida está ubicado en el «centro» del jardín, que es el corazón *(lev* = 32) del espacio de la Shejiná. Representa la naturaleza esencial de las sefirot, que articulan el proceso creador. Ésta es la clave para la Imagen Divina del cuerpo, el habla y la mente humanas. Su posición central lo distingue del Árbol del conocimiento del Bien y del Mal (contraste dualista) que, definitivamente, no se encuentra en el centro, sino que es «periférico» al corazón de la esencia de la Shejiná. Esta distinción es fundamental.

«(2:10) Y salía de Edén un río para regar el jardín, y de allí se repartía en cuatro ramales».

4. El versículo 2:10 es una sinopsis codificada del mecanismo del estado edénico *(véase* tabla en la página 154).

«(2:16) Y mandó YHVH Elohim a Adán, diciendo: "De todo árbol del huerto comerás; (2:17) mas del Árbol de Daat del Bien y del Mal no comerás de él; porque el día que de él comieres, morirás"».

5. El versículo 2:17 es un mandato explícito de evitar el Árbol de la Dualidad. Lo asocia a la muerte, que es la trampa de creer en las apariencias de finitud y superficialidad. Cuando la dualidad es «digerida», se oculta la abierta maravilla visionaria, y la mente queda sepultada bajo la trampa.

Cuarta etapa: La tensión creativa como antagonismo potencial cognitivo

«(2:18) Y dijo YHVH Elohim: "No es bueno que Adán esté solo; haré ayuda idónea para él"».

1. La «ayuda» de Adán es la presencia vital del nefesh que confrontará la percepción ordinaria del ruaj. Tomará la forma de la mujer de Adán, que surgirá del propio Adán. El surgimiento del nefesh desde el ruaj es otro indicador de que se adopta la perspectiva de Tiféret: ella sólo se comprende a partir del dilema perceptual del ruaj. Su confrontación es el eje del hábito dualista convencional que oculta la gnosis del Edén.

«(2:19) YHVH Elohim formó de la adamá toda bestia del campo, y toda ave de los cielos, y trájolas a Adán para que viese cómo las había de llamar».

2. Como prólogo a la «nesirá» (la separación de Adán de su mujer), Adán concede nombre a todas las formas de vida no humanas. Que el no-ser tenga un potencial para la gnosis distinto al de los seres humanos posee numerosas implicaciones. Todas las apariencias, y así todos los seres, surgen de la mente. Los seres humanos pueden descubrir la naturaleza creadora de la mente desde la que surgen

los fenómenos. La mente humana es inherentemente creativa, de lo que se infiere una conexión entre la creación y la realización. «Nombrar» es un acto de creación. Sin embargo, nombrar también puede hacerse desde el dualismo. La diferencia entre la verdadera creación y el hábito conceptual es el estado de la mente que nombra. La conceptualidad siempre está basada en el hábito, y la verdadera creación (en su sentido más elevado) no conoce hábito. Así, el acto de nombrar señala el eje entre los dos caminos representados por los dos árboles. Es el quid del dilema humano.

> «(2:21) YHVH Elohim hizo caer sueño sobre Adán, y se quedó dormido: entonces tomó una de sus costillas, y cerró la carne en su lugar; (2:22) y de la costilla que YHVH Elohim tomó del hombre, hizo una mujer, y trájola al hombre [ ] (2:24) Dejará el hombre a su padre y a su madre, y ha de allegarse a su mujer ».

3. La separación de Adán de su mujer se produce en el versículo 2:21. Esto marca el punto de partida de la claridad primordial, aludida por la expresión «dejará el hombre a su padre y a su madre». Aquí, la palabra «hombre» (no «Adán») simboliza el espectro perceptual humano. El «padre» es la clara luminosidad dinámica (Jojmá) y la «madre» es el espacio básico (Biná). Por supuesto, la percepción nunca abandona estos aspectos primordiales de sí misma, pero los oculta y los cree perdidos. Éste es el inicio de la percepción convencional, que manifiesta la confrontación dualista entre el nefesh y el ruaj. Esta condición persistirá durante el tercer capítulo.

CAPÍTULO 3: LA CONSECUENCIA DEL HÁBITO

Primera etapa: La volatilidad transformacional
(la serpiente)

«(3:1) Pero la serpiente era más astuta que el resto de los animales del campo».

1. La serpiente es la tensión creadora inherente a toda manifestación y a sus formas de transformación. Es la volatilidad presente en todas las relaciones creativas, y aquí aparece simbólicamente situada entre Adán y su mujer. Así, representa la confrontación cognitiva entre el ruaj y el nefesh. La serpiente es energía contextual que surge de la interacción entre Tiféret (energía) y Maljut (espacio contextual). En tanto que, de hecho, no están separados, realmente nada puede situarse «entre» ellos. Por lo tanto, la serpiente se debe entender como un aspecto inherente a toda la creación, endémico a su naturaleza esencial. Por consiguiente, la serpiente también es inherente a la interacción superior entre Jojmá y Biná, aunque en el relato no se aluda simbólicamente.

2. La serpiente se denomina «Najash», cuyo valor numérico es 358. Este número comparte la guematría con la palabra *moshiaj* (mesías). Esta equivalencia sugiere que el mismo poder que puede despertar los corazones de los seres humanos también puede causar confusión y hostilidad. Ese poder es la tensión creadora. Si su naturaleza esencial se reconoce, entonces se puede alcanzar la gnosis. Sin embargo, si la fijación convencional contrae habitualmente el brillo del Ain Sof, entonces una infinita conceptualización usurpará continuamente la creación manifestando inagotables escenarios de pesadilla egoica. La vida es lo que la mente produce, y sus hábitos determinan la manera en que se manifestará. Así, el poder de la creación inherente a la serpiente se sitúa en la cúspide del dis-

cernimiento entre los dos árboles del jardín y los dos caminos que representan.

Segunda etapa: El hábito del nefesh y la sabiduría de la serpiente

> «(3:1) Dijo a la mujer: "¿Elohim os ha dicho que no comáis de cualquier árbol del jardín?". (3:2) La mujer respondió a la serpiente: "Del fruto de los árboles del jardín podemos comer; (3:3) mas del fruto del árbol que está en medio del jardín dijo Dios: 'No comeréis de él, ni lo tocaréis, porque si no, moriréis'"».

1. La serpiente le pregunta a la mujer sobre la prohibición que recae sobre los árboles del jardín. La mujer responde afirmando lo contrario a la verdad y dice que el árbol situado en el corazón del jardín es el que debe evitarse. Esto ilustra la tendencia del nefesh de confundir el corazón debido a su atracción por los extremos dualistas. El error primario del nefesh es su identificación con el cuerpo y la obsesión con los fenómenos materiales que atañen a los groseros sentidos perceptuales y los objetos conceptuales de la mente, es decir, el hábito de aferrarse a todo aquello que parezca sólido y real. Esto es lo que hace que la naturaleza nuclear de la Divinidad se confunda en aquello que le es periférico. Esto también es lo que provoca que la auténtica causa de la felicidad (que es reconocer la creatividad del Ain Sof) se extravíe en la confortabilidad fugaz del ego. Los fenómenos tangibles que se pueden percibir así son siempre impermanentes. Por lo tanto, el fruto de la dualidad es la muerte, y digerirlo siempre causa sufrimiento y pérdida. Esto oculta la posibilidad de la gnosis, que es la gran oportunidad perdida de la vida humana.

> «(3:4) La serpiente dijo a la mujer: "No moriréis; (3:5) Elohim sabe que el día en que comáis de él, serán abiertos

vuestros ojos, y seréis como Elohim, sabiendo que es bueno y que es malo"».

2. La serpiente responde a la equivocación de la mujer informándola de la verdad: la muerte es sólo una mera apariencia, y es bitul (anulada) por el Ain Sof. La serpiente añade que comer del árbol en el corazón del jardín (que la mujer confunde con el otro) «abre los ojos» y representa la mente «como Elohim». En otras palabras, la serpiente expresa la verdad sobre la gnosis y la trascendencia de la muerte. Añade que además de estos beneficios, si el fruto del árbol en el corazón del jardín se come, se descubre automáticamente todo acerca del error de la dualidad. El juego se vuelve claro y uno conoce entonces demasiado como para caer en la trampa. Cuando la mente observa desde una posición superior, el plano inferior se torna obvio.

Tercera etapa: La secuencia egoica

«(3:6) Comió; y dio a su marido, que comió también».

1. La mujer come el fruto de la dualidad y se lo ofrece a Adán. La mujer se considera como el problema inicial porque el nefesh halla la sensación cruda antes de que el ruaj formule su reacción perceptiva al respecto. Un nefesh ordinario adopta una postura reactiva a cualquier fenómeno con el que se tope (ya se trate de información sensorial física, estímulos emocionales o conceptos imaginativos). Sea lo que sea, al establecerse el contacto, se dualiza en la forma de una sensación bruta, de lo que se infiere la idea de que hay «alguien» sintiéndola. Ese «alguien» se asocia directamente con la capacidad del cuerpo para sentir sensaciones. De este modo nace el ego identificado con el cuerpo. La fuente de este hábito dualista es Yesod, donde se componen todas las divisiones que refuerzan el ego. Yesod moldea la sensación bruta a partir de patrones concep-

tuales autocaptados del ruaj inferior (NeYiH). La influencia de Yesod se extiende a través del nefesh y también está presente cuando el nefesh y el ruaj se superponen. El constructo conceptual que se forma entonces pasa a los aspectos más elevados del ruaj, que cosifican y comprenden la información como un «objeto de percepción coherente». Puede volverse más completo a medida que el ruaj se forme pensamientos «sobre» lo que siente. Cada paso ahonda en la sensación de ser «alguien». Desde su punto de encuentro en Yesod, el nefesh y el ruaj forman un vínculo que fabrica la ilusión de una identidad autónoma y reactiva que se introduce en una relación sujeto-objeto con los fenómenos. El mito del «Yo» situado en el centro de la cognición se perpetúa al prestar atención a la «experiencia» egoica convencional. Cuando las habituales tendencias dualizadoras de Yesod son purificadas, las fases de este proceso se anulan. La cognición se alza como una simultaneidad que trasciende el origen y el fin, en la que nada se introduce a través de ningún tipo de progreso lineal. El fenómeno del nefesh y el ruaj surge como expresiones abiertas del Ain Sof, sin nada en su camino que las entorpezca o modifique las evidencias de su naturaleza esencial. Entonces, la naturaleza se asimilará como el corazón de todos los fenómenos.

(NOTA: La atribución sefirótica general de nefesh es Maljut. Sin embargo, en tanto que Yesod está directamente implicada en todo aquello que hace nefesh, la cuestión es muy simple. El nefesh es el aspecto de Maljut que manifiesta un vínculo directo con el ruaj a través de Yesod. Por lo tanto, la correspondencia con Maljut/Yesod es más apropiada y completa para nefesh).

2. La consecuencia de digerir el fruto de la dualidad es que el ruaj y el nefesh aparecen juntos y «desnudos». Esto representa la vulnerabilidad del ego, que es una reacción a la inmensidad del mundo con el que se confronta. Cuando el ego se define a sí mismo como «real», todo lo demás se convierte en el «otro», algo que afrontar como un reto. Esta confrontación es siempre hostil, y de ella deriva el

competitivo instinto de supervivencia del mundo animal. La motivación subyacente a la competencia es el miedo, que se encuentra firmemente enraizado en el funcionamiento de la percepción convencional. Esta posición de peligro es la forma en la que el ruaj y el nefesh se confrontan entre ellos y con todos los fenómenos.

Cuarta etapa: La formación de las klipot

«(3:7) Cosieron hojas de higuera, y se hicieron delantales».

1. Como resultado de su «desnudez», Adán y su mujer se fabrican «coberturas», que terminarán por cubrir todas las cosas. Se trata de «klipot» (cáscaras) que enmascaran la verdadera naturaleza de los fenómenos cuando éstos son cosificados y fijados por la percepción convencional. Hacen que los objetos parezcan sólidos y tangibles. Las klipot se forman al considerarse concreto y real el juego dinámico abierto del tsimtsum, que surge cuando se afirma la vulnerabilidad del ego. La referencia a los «delantales» alude a Yesod, en el que el ruaj y el nefesh se unen. Ahí es donde se purifica o se cosifica la dualidad egoica.

2. Las klipot que cubren la verdadera naturaleza de los fenómenos son referidas empleando el término «pieles» (la palabra se utiliza explícitamente en el versículo 3:21). En cierto sentido, su desnudez define al propio Adán como una «piel». En hebreo, la palabra para decir «piel» es *aur*, que se pronuncia de la misma forma que la palabra que significa «luz». La diferencia entre ambas es la primera letra. En hebreo, «piel» se deletrea *ayin-vav-resh*, mientras que «luz» es *alef-vav-resh*. Cabalísticamente, la primera letra de una palabra indica su disposición primaria. *Ayin* corresponde al ojo, lo que remite a la percepción, que puede orientarse tanto hacia la gnosis como hacia la fijación convencional. La percepción puede oscurecer la luz, que es la otra *aur*. La *alef* inicial posee un valor

numérico de uno, lo que implica una unidad primordial nonata. Cuando la unidad es cubierta por la percepción, se alza la barrera cognitiva de las klipot. Las klipot obstruyen el reconocimiento del Ain Sof y su luz, que es el auténtico «cuerpo» de Adán. De esta forma, la percepción convencional está formada enteramente por klipot, que dividen en sujeto interior y objeto exterior. La klipá es la gran barrera, una venda, que aísla el ego y asegura la percepción de un universo fragmentado, hecho de pedazos.

Quinta etapa: El resultado cognitivo (las tres series de maldiciones)

> «(3:13) Entonces YHVH Elohim dijo a la mujer: "¿Qué es lo que has hecho?". Y dijo la mujer: "La serpiente me engañó, y comí"».

1. Cuando es interrogada, la mujer acusa a la serpiente de haber sido la causa de su problema. Esto sugiere que el nefesh no puede aceptar la responsabilidad por su condición. En un contexto convencional sería una muestra de inmadurez. El nefesh ordinario asume que el problema procede del exterior, que es «víctima» de fuerzas externas hostiles. Así es como la conciencia reacciona tras el velo de las klipot que genera para cubrir el mundo. La estructura del ego no puede afrontar el tremendo impacto de la volatilidad creadora de la serpiente, así que de alguna forma, es la serpiente la que propicia su disfunción cognitiva. Las consecuencias de esto se articulan a partir de una serie de maldiciones, que son limitaciones sobre las funciones de la manifestación. El resultado es que Adán, su mujer y la serpiente son mermados.

> «(3:14) YHVH dijo a la serpiente: "Por cuanto esto hiciste, maldita serás entre todas las bestias y entre todos los animales del campo. Sobre tu pecho andarás, y polvo comerás"».

2. La serpiente es condenada a «arrastrarse sobre su pecho y comer polvo». La implicación implícita en la maldición es que la serpiente es también condenada a guardar silencio. El habla es la metáfora creadora definitiva en la Biblia, y se asocia a la verticalidad. Una postura vertical es una postura activamente comunicativa. La verticalidad original de la serpiente la asemeja a constructos simbólicos verticales como las sefirot, los árboles del jardín e incluso al propio Adán. Cuando la serpiente es derribada se le asigna un rol pasivo. La consecuencia de la percepción convencional es que la volatilidad de la transformación creativa «enmudece» y pasa inadvertida, como si su poder creador fuese una parte cualquiera de la vida ordinaria. Lo cierto es que todas las cosas son profundamente extraordinarias a causa de este poder. Sigilosamente, la serpiente se esconde tras las klipot de la «realidad». Allí, invisible a las preocupaciones normativas humanas, come el polvo de la adamá. Sin embargo, en la adamá, se alimenta secretamente y espera el descubrimiento, tan vital como siempre.

   «(3:15)"Pondré hostilidad entre ti y la mujer, y entre tu descendencia y su descendencia; ésta te herirá en la cabeza, y tú le herirás en el calcañar"».

3. La siguiente serie de maldiciones que caen sobre la serpiente tienen que ver con su relación de interdependencia con la mujer. Desde la perspectiva de la percepción ordinaria siempre hay un antagonismo entre el nefesh y la volatilidad del cambio. Esto puede apreciarse en su «descendencia», a la que ya se alude en la maldición. Los «hijos» de la serpiente son afirmaciones creativas de la vida que se pueden ser sentir. Nada existe excepto en relación con el otro; todos son totalmente interdependientes. El texto lo hace extensivo al señalar directamente al nefesh: «ésta te herirá en la cabeza, y tú le herirás en el calcañar». La «cabeza» del nefesh es su principio organizativo, basado en una lógica corpórea y en su sentido de la materialidad. El

«calcañar» de la serpiente es el punto de impacto en su capacidad para mantenerse erguida y moverse. El golpe en su talón vuelve a la serpiente muda y esquiva. El golpe en la cabeza del nefesh sella la inherente estupidez del materialismo, que es la condición humana corriente que sólo busca autogratificaciones sustanciales y que posee poca capacidad de penetrar en la naturaleza profunda de la mente.

«(3:16) A la mujer dijo: "Multiplicaré en gran manera tus sufrimientos y tus embarazos; con dolor parirás los hijos. Desearás a tu marido y él te dominará"».

4. Las maldiciones de la mujer comienzan con «un embarazo y un parto dolorosos». El nefesh gesta y da vida a los límites reactivos que dividen dualísticamente los impulsos vitales. Estos sentimientos engañan a la mente y la hacen creer que es una unidad aislada, separada del infinito espacio aparicional que la rodea. Dicho hábito siempre causa padecimiento, porque el ego-corporal no es estable ni permanente. Necesita y quiere no ser consistentemente hallado, y finalmente enfermará y morirá. La maldición continúa diciendo: «Desearás a tu marido y él te dominará». A pesar de que el nefesh inicia el encuentro dualista con los fenómenos, es el ruaj el que determina la disposición de la condición humana. El ruaj (Tiféret) se encuentra entre las aguas inferiores y superiores (Biná y Maljut). Separa y unifica el espacio aparicional. La presencia vital del nefesh está subyugada a esta función, incluso en circunstancias ordinarias, el ruaj sigue la identificación corpórea del nefesh. Así, el «deseo» del nefesh de proveer de vitalidad al ruaj se convierte realmente en una maldición, porque en circunstancias convencionales el ruaj perpetúa el sufrimiento del nefesh. Éste es el inicio de un círculo vicioso que culmina en la miseria humana.

«(3:17) Y al hombre dijo: "Por cuanto obedeciste a la voz de tu mujer, y comiste del árbol del que te ordené no comer, maldita será la adamá. Con dolor comerás de ella todos los días de tu vida"».

5. Las maldiciones lanzadas sobre Adán comienzan con «Por cuanto obedeciste a la voz de tu mujer». Esto ya se ha explicado. Cuando el ruaj sigue la identidad corpórea del nefesh se sume en el hábito de la autoidentificación. Esto conduce hacia la siguiente fase, en la que la propia adamá es maldecida. Es interesante que una maldición dirigida contra el ruaj afecte al territorio de los fenómenos. Esto es porque los fenómenos son identificados a través de la percepción del ruaj. Sólo los animales, que no tienen la capacidad de cambiar su condición se apoyan únicamente en el nefesh. Los seres humanos tienen libre albedrío creativo, que es el dominio exclusivo del ruaj. La condición del ruaj manifiesta la condición del mundo. Como quiera que la adamá es infinitamente adaptable, manifestará aquello que le demanden las tendencias del ruaj. La siguiente fase sitúa el foco sobre cómo la adamá produce nutrientes. Adán debe «comer las hierbas del campo». Esto pertenece al segundo nivel de energía articulado en el tercer día de la creación *(véase* versículo 1:11) y se refiere a la expresión de los ciclos energéticos: el «alimento» de la percepción convencional. Esto remite a los ciclos temporales y las nociones de nacimiento y muerte.

Sexta etapa: Adán da nombre a su mujer

«(3:20) Entonces YHVH Elohim dijo a la mujer: "¿Qué es lo que has hecho?". Y dijo la mujer: "La serpiente me engañó, y comí"».

1. Adán escoge el nombre de Javá (Eva) para su mujer. Adán nombra a su mujer de la misma forma que había nombrado el resto de elementos de su mundo, lo que implica que el nefesh se ve desde la perspectiva de Tiféret. Todo lo que rodea al nefesh contribuye de

forma definitiva a la disposición del ruaj, que es el eje de la Imagen Divina. Todo el relato del Edén es una enseñanza sobre la naturaleza y las consecuencias de las formas de percepción.

2. El nombre de Javá comparte la raíz con la palabra *jai* (vida). Esto alude a la naturaleza secreta del nefesh. El nefesh, de hecho, es una expresión directa de la Shejiná, algo que no se alcanza en su manifestación como nefesh convencional. Queda enmascarado por las klipot del cuerpo y la fijación por la substancia, y por el conflicto producido por las implicaciones externas e internas de la cognición. El texto afirma que Javá es «madre de todos los seres vivos». Esto nos permite comprender que no importa qué surja, cada encuentro con un fenómeno es una expresión directa de la unidad Divina. Comprender la presencia más íntima de nuestro ser como la Shejiná es la puerta a la sublime devoción mística.

> «(3:21) Y YHVH Elohim hizo para Adán y su mujer abrigos de pieles ».

3. Esto ya se ha explicado. Se refiere a los límites superficiales o «pieles» (klipot) impuestos a todos los objetos de la mente.

Séptima etapa: Más allá de la espada flamígera giratoria

> «(3:22) "He aquí que Adán se ha convertido en uno de nosotros, conociendo el Bien y el Mal. Ahora, pues, debe impedirse que alce su mano, y tome también del Árbol de la Vida"».

1. YHVH Elohim afirma: «Adán se ha convertido en uno de nosotros, conociendo el Bien y el Mal». A través del uso del plural, «nosotros», la naturaleza esencial de la creación revela que su unidad sólo puede expresarse como una infinita diversidad. Ésta es la paradoja

primordial. Sin embargo, aquí se aplica al ruaj convencional, que reacciona a la diversidad de apariencias con un sinfín de fijaciones. Esto desplaza el corazón de la unidad, y todo se toma a partir de la perspectiva de que existen infinitos contrastes entre «el Bien y el Mal». Éste es un severo contraste respecto al conocimiento místico del Bien y del Mal al que la serpiente aludía en el versículo 3:5.

2. «Debe impedirse que [Adán] alce su mano, y tome también del Árbol de la Vida» es un edicto que se fundamenta en el momentum de la ley natural. Que Adán «tome» el fruto remite a la realización gnóstica. El orden natural de las cosas sostiene los hábitos y la ignorancia conforme a las leyes animales de la naturaleza. Por lo tanto, este versículo se refiere al momentum que perpetúa la percepción convencional.

> «(3:23) YHVH Elohim lo expulsó del Jardín del Edén para que trabajase la adamá de la que fue tomado. (3:24) Echó a Adán y al oriente del Jardín de Edén puso querubines, y una espada llameante que se giraba en todas direcciones para guardar el camino hacia el Árbol de la Vida».

3. Adán es enviado desde el jardín a la «adamá de la que fue tomado». Se le asigna el «trabajo» de la conceptualidad, es decir, la percepción convencional. Por supuesto, este trabajo se desarrolla en la misma adamá en la que la gnosis puede ser alcanzada. Esto es porque hay un solo terreno, a pesar de que en él puedan tomarse dos caminos distintos.

4. El tercer capítulo concluye con: «al oriente (Tiféret) del Jardín de Edén puso querubines, y una espada llameante que giraba en todas direcciones para guardar el camino hacia el Árbol de la Vida». El querubín es el ángel llamado Metatrón, guardián tanto de la Shejiná como de todos los practicantes que buscan *devekut* (unión). A

través de la guematría se establece su correspondencia con Yesod (314 = Shaddai: el Nombre Divino de Yesod). Yesod es la «entrada» al Edén, donde se produce la devekut con la Shejiná, la autoidentificación es disuelta, y las klipot, «circuncidadas». La espada flamígera giratoria se corresponde con los patrones cíclicos de la mente, que son limitados por el desequilibrio guevúrico (fuego + espada = Gevurá). Cuando un ser humano alcanza la realización gnóstica, Metatrón levanta la barrera, y se produce el zivug entre la Shejiná y Tiféret.

5. El plural «querubines» se utiliza porque la potencia de Metatrón se está aplicado a los hábitos dualistas humanos. Los querubines enfocan la mente humana sobre la base no dual de su naturaleza esencial, que se encuentra en el «corazón» de los extremos dualistas ordinarios. Es análogo a la unificación de los dos árboles en su raíz común bajo la adamá. Éste es el foco que purifica o «circuncida» las klipot de Yesod. La imagen de un querubín que es varón y hembra al mismo tiempo se utilizó en la tapa del Arca de la Alianza en el sanctasanctórum del Templo, con ese mismo propósito (véase *Meditación y la Biblia* de Aryeh Kaplan).

APÉNDICE II

El sustrato cabalístico de los nombres

Este apéndice resume los principios fundacionales más importantes a través de representaciones gráficas. Utiliza un diagrama (que se reproduce en la página siguiente), que articula cinco contextos básicos del impulso creador utilizando Nombres Divinos y derivaciones de ellos.

En primer lugar, deben servir para repasar algunos principios fundamentales. Nuestros hábitos cognitivos nos alejan constantemente de aquello a lo que tenemos derecho por nacimiento: el descubrimiento gnóstico de la creación primordial y de su expansión ilimitada de fenómenos. El principal atributo de este freno a nuestro crecimiento espiritual es la cualidad mecánica de la percepción. Esto se hace evidente cuando la mente alcanza conclusiones finitas a partir de factores finitos que la preceden en una línea temporal, construyendo una causalidad lineal. Esto define nuestra ignorancia. El remedio que debe aplicarse a esta enfermedad es intentar reconocer el conocimiento en su movimiento natural. Esta cura surge simultáneamente a la dolencia; aparece en la esencia inherente a los fenómenos y está siempre dispuesta a dejarse ver si uno mira de la forma apropiada y se encuentra preparado y dispuesto a ello.

La primera sección del esquema es una representación de la esencia del propio Génesis: Bereshit. Bereshit es el espejo de la creatividad primordial. En los rollos de la Torá escritos a mano, la palabra comienza con una letra *bet* de mayor tamaño, que alude a su valor numérico (2). Esto simboliza una reproductividad básica, un continuo «inicio», que se refleja a sí mismo (o se «duplica») a medida que emergen los fenómenos.

Figura 17

Su duplicación se expande sobre la *alef:* la unidad básica más allá del principio y el fin. Es simple completitud, que trasciende tanto el uno (como número) como el cero (el no-número). Su reflejo se articula claramente en *La fuente del conocimiento,* que afirma: «Alef (1) nunca es menos de dos». Este principio se hace evidente en los contrastes polares que constituyen todos los mundos.

A partir de su reflejo simple, el doble se vuelve a doblar a sí mismo, y el dos revela el cuatro. Así como la *alef* nunca se divide a sí misma en esencia, puede aparecerse como dos; el reflejo se refleja a sí mismo en el infinito sin romper la unidad básica. Sin embargo, las apariencias sugieren lo contrario; el mundo parece fragmentado, aleatorio y carente de cohesión unitaria. Así, el cuatro representa la estructura interna del infinito: reflejos reflejándose a sí mismos hacia el infinito en un salón de los espejos, pero indivisibles. En mitad de los reflejos reflejados se encuentra la *alef* original y primordial, que se haya siempre en el corazón de todo. Esto se representa mediante el número cinco, que corresponde a la *he* y a la Shejiná: el campo abierto y manifestado del espejo de Bereshit. Esta ecuación la encontramos en *La fuente del conocimiento:*

> «Cuando abras tu mano para pronunciar la Alef, verás que hay dos: Alef-Alef. Alef-Alef se divide en cuatro: Alef-Alef-Alef-Alef. Dos al principio y dos al final, en mitad del espacio básico (avir kadmon). El espacio primordial no es exactamente una Alef, pero tampoco es nada menos que una Alef. Por lo tanto, hay cinco: Alef-Alef-Alef-Alef-Alef». *(La fuente del conocimiento)*

Al reflejar el Bereshit primordial, el diagrama representa la *he* reflejándose a sí misma como dos cincos, la base de la Shejiná, tanto arriba como abajo, lo que es igual a la *yud* primordial (5+5=10). Ésta es su representación gráfica:

La siguiente sección muestra el nombre que se asocia de forma más habitual al primer capítulo del Génesis: Elohim. En esta representa-

Figura 18

ción, una *yud* se coloca sobre la *he* central para contribuir a formar dos nombres, lo que simboliza la unión de Jojmá y Biná: Yah (leído verticalmente) y Elohim (horizontalmente). Su intersección es la unión reproductiva: la semilla de la luminosidad y el espacio-útero.

Bajo el travesaño horizontal de la *he* central está la letra *shin*, que simboliza el fuego primitivo del proceso creador. La *shin* tiene un valor numérico de 300, igual que la guematría de las palabras Ruaj Elohim, el viento/aliento Divino que conecta el potencial no manifestado con la manifestación de los fenómenos. Es el Ruaj Elohim que literalmente «se convierte» en fenómenos percibidos por el ruaj. Es la esencia de Bereshit en la cúspide de la experiencia palpable (figura 19).

La *shin* es un constructo triple. Esto encierra cierto simbolismo no-dual. Las ramas izquierda y derecha de la *shin* están unidas por el centro. Esto simboliza la unión de los finales del espejo reproductivo en su corazón. Es el fuego primario que puede disolver los hábitos más firmemente establecidos. Esto se produce en la rutina diaria, como las bodas alquímicas del ruaj y el nefesh, Adán y Eva, cuya unidad se alcanza o destruye a medida que la mente aprehende los mundos.

La siguiente sección representa la aplicación del espejo como movimiento energético. El gráfico está basado en la estructura de la Imagen Divina, que es la forma que Adán (el ruaj) manifiesta en el jardín.

Figura 19

Está representada por el versículo *yehi aur v'yehi aur* («"Sea la luz"; y fue la luz»). Ésta es una fórmula que hace que la energía refleje su propio reflejo, y así se expande infinitamente, exactamente igual que la secuencia cuádruple de la primera sección. En la posición central hay una *vav*, que se corresponde con el ruaj. Es en el ruaj donde puede reconocerse el principio maestro de la «quinta *alef*» *(véase* figura 20).

Figura 20

La última sección del diagrama es una representación de los tsimtsumim: el envoltorio de la Shejiná dentro de sí misma. Se dibujan cinco anillos para mostrar que la Shejiná se envuelve a sí misma en sí misma. Si sostenemos un punto de vista místico, podremos recordar que la presencia del envoltorio está más allá de la realidad y la irrealidad, del ser y el no ser. Es inherentemente libre. Ésta es la llave para abrir esta sucesión de puertas. Pero, como se ha dicho, los tsimtsumim pueden asociarse tanto a la sabiduría como a la ignorancia. La percepción convencional los experimenta como un conflicto constante; una confrontación entre la identidad personal interna y los fenómenos externos que le son ajenos. Esto produce una serie de klipot que aprisionan la esencialidad y bloquean a la mente que trata de alcanzarla. Esto asegura el sometimiento al *statu quo* del hábito causal, que sólo conduce al sufrimiento y miseria.

El impulso gnóstico sostiene los tsimtsumim como ecos permeables que expresan la erupción abierta y alegre de lo Divino. Impregna el diagrama con sus asociaciones más valiosas. Dos *he* aparecen separadas por el proceso de tsimtsum. Su aparente diferenciación parece trazar una división entre un aspecto «absoluto» (Biná) y su contrapartida «relativa» (Maljut).

La perspectiva gnóstica sostiene que la Shejiná es un terreno igualador y reflectante, que constituye la base de todas las asunciones y percepciones. Esto no equivale a afirmar que Biná y Maljut son lo mismo, ya que ambas dan forma a la distinción entre el espejo del espacio básico y sus reflejos. Sin embargo, aunque suela olvidarse, existe un solo espacio, cuya esencia es el Ain Sof. Recordar esto mitiga toda división presentada por los tsimtsumim.

Cada *he* presenta una *yud*. El aspecto de Binah la sitúa en el espacio incontenible encima de ella, y el aspecto de Maljut la sitúa abajo, entre sus «piernas». Reconocer la esencia única y libre del espacio nos permite comprender que ningún estado aparente de contención puede, realmente, encerrar la creación dinámica. Que en apariencia esté encerrada o no es irrelevante; si tenemos fe en que la esencialidad se encuentra más allá de la conceptualización y la división, seremos libres. La esencia de la mente es el matrimonio entre el espacio y este dinamismo, entre *yud* y *he,* que establecen una unión alquímica que rompe todos los grilletes.

El fuego ecualizador de este descubrimiento está representado por la letra *shin* en el corazón el diagrama. Se trata del fuego primario que destila alquímicamente la presencia de la esencialidad creadora desde la estructura de nuestras vidas. Es el catalizador que puede dar la vuelta y disolver todos los hábitos materialistas del ruaj. Se prende naturalmente a través de la práctica espiritual, siempre y cuando ésta se fundamente en la fe en que el Ain Sof es el terreno liberador de la percepción y los fenómenos.

Los hábitos convencionales orientan la mente en dirección exactamente opuesta a la realización gnóstica. Por este motivo esta sección del diagrama se representa en negativo *(véase* figura 21). No se trata de afirmar que estamos viviendo en un mundo reverso, de naturaleza opuesta, ya que esto implicaría un punto de vista dualista, sino que tanto el conocimiento como la ignorancia son opciones disponibles todo el tiempo, y que las decisiones de la mente condicionan efectivamente la clase de universo que nosotros recibimos.

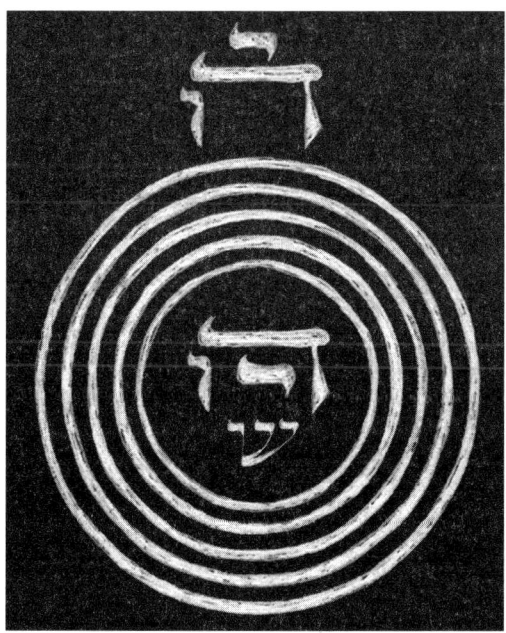

Figura 21

ÍNDICE ANALÍTICO

A

Abraham, 103
Abulafia, Abraham, 192
adamá, 136, 137, 140, 142, 143, 144, 147, 148, 157, 158, 159, 175, 178, 181, 186, 190, 198, 199, 200, 201, 202, 210, 212, 214, 215
Adán, 133, 134, 135, 136, 137, 139, 140, 141, 142, 143, 144, 145, 146, 147, 148, 150, 151, 152, 153, 154, 158, 159, 160, 161, 162, 163, 164, 167, 168, 175, 177, 178, 179, 182, 183, 186, 187, 188, 189, 190, 191, 198, 199, 200, 201, 202, 203, 204, 206, 208, 209, 210, 212, 213, 214, 220
adicción, 176
agua, 33, 36, 49, 58, 61, 63, 65, 67, 68, 69, 81, 84, 85, 86, 87, 88, 92, 93, 95, 97, 104, 105, 110, 124, 134, 135, 136, 140, 144, 155, 169, 195, 196, 199
Ain Sof, 17, 23, 24, 29, 37, 38, 41, 42, 45, 47, 48, 50, 51, 53, 54, 55, 56, 57, 59, 74, 76, 77, 82, 86, 90, 91, 93, 99, 103, 104, 105, 110, 114, 119, 123, 124, 130, 134, 136, 138, 139, 141, 142, 144, 149, 150, 151, 154, 157, 158, 161, 164, 170, 188, 195, 198, 204, 205, 206, 207, 209, 222, 223
Akiva, rabí, 63, 84, 85
Al, 78
alef, 32, 33, 75, 78, 141, 188, 189, 208, 219, 221
alfabeto hebreo, 27, 89
alienación, 32, 72, 177
aliento de Elohim, 36, 37
aliento de vida, 140, 141, 144, 199, 200
alma, 15, 16, 39, 60, 118, 140, 199
alquimia, 33, 63, 98
amor, 36, 70, 89, 91, 157
ángeles, 25, 114
anulación, 55, 74, 116, 175
apariencias, 58, 65, 86, 97, 99, 102, 124, 132, 134, 136, 141, 144, 155, 157, 167, 170, 174, 181, 183, 187, 189, 198, 202, 214, 219
Árbol de la Dualidad, 86, 150, 165, 167, 172, 190, 202
Árbol de la Vida, 10, 27, 148, 150, 151, 152, 156, 157, 158, 165, 167, 168, 169, 174, 175, 178, 179, 181, 187, 189, 190, 191, 201, 213, 214
arcoíris, 100, 101, 102, 103, 104, 105, 106, 110, 124, 191, 192

armonía, 43
arom, 163
arquetipos, 114, 134
Atika Kadisha, 55, 56, 57
Atik Yomin, 55
aur, 50, 56, 73, 74, 75, 76, 77, 78, 79, 80, 81, 87, 141, 142, 188, 196, 208, 221
avira, 23, 141, 142, 200
Azriel de Gerona, 12, 71

B

Baal Shem Tov, 14, 92, 106, 156
belimá, 59
belleza, 33, 92, 101, 102, 103, 105, 106, 119, 130, 146, 157, 158, 166
Bereshit, 17, 21, 22, 23, 24, 28, 31, 32, 34, 38, 39, 46, 50, 51, 55, 61, 68, 71, 82, 84, 95, 136, 138, 140, 141, 143, 152, 154, 155, 165, 181, 182, 195, 217, 219, 220
bet, 21, 24, 27, 68, 143, 218
Bien, 86, 147, 149, 150, 166, 189, 190, 201, 202, 213, 214
Biná, 45, 46, 47, 51, 53, 54, 56, 57, 58, 59, 60, 61, 63, 65, 68, 69, 75, 76, 91, 92, 95, 96, 106, 109, 110, 112, 116, 120, 123, 124, 130, 135, 137, 163, 170, 195, 198, 203, 204, 211, 220, 222
bitul, 74, 75, 76, 81, 89, 90, 96, 97, 102, 103, 108, 110, 113, 117, 118, 123, 124, 130, 131, 138, 150, 156, 157, 170, 206
Boehme, Jacob, 47
bohu, 34, 46
Bosch, Hieronymus, 146

C

cábala, 10, 16, 17, 28, 39, 48, 54, 74, 88, 101, 114, 115, 168, 189
canción, 103, 104, 105, 124
Cantar de los Cantares, 97

caos, 34, 35, 49, 146, 148, 159, 168, 193
carbón, 41, 42, 66, 81, 82, 130
carro Divino, 115, 122
Case, Paul, 47
castigo, 181, 183, 185, 187, 188
cielos, 21, 25, 27, 32, 39, 43, 44, 70, 87, 88, 92, 93, 95, 97, 99, 101, 109, 110, 111, 113, 114, 117, 120, 121, 125, 129, 130, 131, 132, 159, 160, 195, 197, 198, 202
cinco colores, 59, 60
cinco elementos, 61, 77
cinco mundos, 60, 76, 77
cinco sentidos, 61, 77, 151, 172
conciencia expandida, 110, 124
con inicialidad, 21, 27, 32, 195
conocimiento primordial, 56, 148
continuum, 22, 42, 47, 72, 74, 78, 93, 96, 97, 100, 108, 111, 120, 130
corazón inclusivo, 95
correr y regresar, 94, 115, 119, 131
Cramer, Daniel, 170
creación, 10, 15, 17, 21, 22, 25, 27, 28, 32, 33, 34, 42, 54, 62, 63, 70, 71, 72, 73, 75, 76, 77, 79, 80, 82, 83, 84, 90, 116, 118, 120, 121, 122, 124, 129, 130, 131, 132, 133, 136, 139, 141, 148, 154, 158, 159, 160, 165, 166, 183, 187, 195, 199, 200, 203, 204, 212, 213, 217, 222
cuarto día, 111, 112, 113

D

Daat, 39, 42, 46, 60, 67, 68, 70, 123, 124, 133, 135, 137, 147, 148, 149, 150, 151, 153, 154, 156, 158, 165, 175, 176, 178, 189, 190, 191, 195, 198, 201
dam, 189
David, rey, 113
derecho, lado, 92
desnudez, 163, 164, 182, 208

destino, 50, 139
diluvio, 105
Divina, esencia, 10
dualismo, 16, 116, 121, 175, 203
dualismo exotérico, 16

E

ego, 84, 118, 150, 157, 177, 180, 183, 186, 205, 206, 207, 208, 209, 211
Elohim, 21, 27, 28, 32, 33, 36, 37, 39, 40, 42, 43, 44, 45, 46, 51, 61, 65, 67, 70, 77, 81, 83, 84, 88, 97, 98, 101, 111, 112, 113, 120, 121, 122, 123, 124, 125, 129, 130, 132, 133, 134, 135, 140, 144, 147, 153, 158, 159, 161, 165, 173, 174, 175, 177, 178, 179, 188, 189, 190, 195, 196, 197, 198, 199, 200, 201, 202, 203, 205, 206, 209, 212, 213, 214, 219, 220
energético, movimiento, 32
energía, 16, 39, 42, 43, 44, 57, 60, 61, 67, 69, 70, 71, 73, 78, 83, 84, 87, 92, 93, 94, 96, 97, 98, 99, 108, 111, 112, 113, 116, 117, 118, 119, 120, 125, 130, 131, 136, 152, 154, 159, 165, 187, 199, 204, 212, 221
entropía, 35, 119, 168
esencia Divina, 10, 49, 81
espacio básico, 31, 41, 47, 58, 62, 66, 68, 69, 70, 95, 96, 110, 113, 116, 121, 129, 130, 133, 143, 203, 219, 222
espacio dinámico, 37
espacio encinto, 118, 123, 130, 143, 198
espada flamígera, 213, 215
Eva, 86, 144, 151, 187, 188, 212, 220
Ezequiel, 94, 115, 122

F

fe, 12, 13, 15, 31, 36, 48, 55, 63, 73, 81, 86, 87, 91, 104, 109, 110, 111, 119, 120, 155, 156, 158, 162, 166, 167, 174, 222, 223
felicidad, 119, 139, 176, 205
fenómenos, 13, 15, 16, 17, 28, 42, 84, 91, 93, 95, 102, 104, 105, 108, 109, 110, 115, 116, 118, 123, 124, 129, 131, 132, 135, 136, 139, 142, 145, 151, 152, 153, 154, 155, 160, 162, 165, 167, 170, 174, 175, 178, 181, 187, 188, 190, 195, 196, 198, 203, 205, 207, 208, 211, 212, 217, 218, 220, 222, 223
fijación, 23, 29, 46, 49, 55, 56, 57, 58, 73, 81, 82, 88, 108, 119, 149, 151, 152, 162, 163, 174, 181, 182, 183, 185, 186, 204, 208, 213
Fludd, Robert, 106
fuego, 40, 41, 42, 61, 90, 91, 93, 104, 145, 161, 182, 193, 215, 220, 223
fuente de Jojmá, 25, 51, 56, 142
Fuente de la Sabiduría, 96
futuro, 35, 77, 108, 111, 180, 185

G

gadlut, 85, 110, 124
Geheime Figuren der Rosenkreuzer, 47
Génesis, 3, 5, 6, 9, 10, 15, 16, 17, 18, 27, 32, 35, 36, 38, 42, 58, 63, 75, 80, 88, 96, 99, 101, 105, 122, 129, 135, 138, 142, 151, 165, 172, 173, 185, 217, 219
Génesis, libro de
1:2, 34, 36
1:3, 42, 43, 70, 196
1:4, 42, 196
1:5, 42, 196
1:6, 43, 83, 87, 88, 196
1:6-7, 83
1:6-8, 43, 88
1:8, 43, 88, 196
1:9, 43, 97
1:9-10, 97
1:10, 43, 97, 196

1:11, 43, 196, 212
1:12, 43, 98, 101
1:13, 43, 101
1:14, 43, 44, 101, 111, 197
1:14-19, 44
1:15, 43, 101
1:16, 43, 101, 112
1:16-17, 112
1:17, 44, 112
1:19, 44
1:20, 44, 113
1:20-21, 113
1:20-23, 44
1:21, 44, 113
1:22, 44
1:23, 44
1:24, 44, 45, 120, 197
1:24-31, 45
1:25, 44
1:26, 44, 63, 121, 122, 123, 197
1:27, 44, 123
1:28, 44, 125
1:28-31, 125
1:29, 44, 125
1:30, 45, 125
1:31, 45, 125
2:1, 129
2:1-3, 129
2:16-17, 147
2:19-20, 160
2:2, 129
2:3, 129, 198
2:4, 130, 132, 198
2:5, 133, 134, 198
2:6, 135, 136, 137, 199, 206
2:7, 140, 199
2:8, 144, 145, 200
2:9, 146, 147, 148, 153, 201
2:10, 153, 154, 201
2:11-15, 153
2:17, 147, 148, 151, 155, 201, 202
2:18, 158, 202
2:19, 160, 202
2:21, 161, 203

2:21-23, 161
2:22, 161, 203
2:23, 161
2:24, 162, 163, 203
2:25, 163
3:2, 169, 205
3:2-3, 169
3:3, 169, 205
3:4, 173, 205
3:4-5, 173
3:5, 173, 205
3:6, 175
3:7, 176, 208
3:8, 177
3:8-10, 177
3:9, 177
3:10, 177
3:11, 178
3:12, 179
3:13, 179, 209
3:14, 180, 183, 209
3:15, 181, 210
3:16, 185, 211
3:17, 186, 211
3:17-19, 186
3:18, 186, 187
3:19, 186
3:20, 187, 212
3:21, 188, 208, 213
3:22, 189, 213
3:23, 190, 214
3:24, 191, 214
7, 31, 45
genitales, 102, 105, 121
geometría sagrada, 50
Gevurá, 43
gnosis, 23, 25, 31, 32, 35, 37, 39, 56, 58, 59, 60, 62, 63, 72, 73, 85, 86, 96, 101, 103, 119, 121, 124, 131, 135, 144, 145, 149, 150, 151, 154, 157, 158, 164, 173, 175, 180, 189, 199, 201, 202, 204, 205, 206, 208, 214

guematría, 27, 40, 56, 59, 73, 75, 77, 78, 121, 163, 168, 174, 188, 197, 204, 215, 220

H

he, 32, 33, 36, 53, 54, 57, 58, 59, 60, 61, 63, 65, 66, 67, 68, 69, 72, 74, 75, 76, 78, 79, 80, 81, 82, 86, 87, 100, 106, 109, 111, 120, 121, 123, 131, 132, 136, 141, 142, 144, 150, 196, 198, 219, 220, 222
Hod, 44

I

idolatría, 81, 82
Idra Rabba, 68, 77, 155
Imagen Divina, 61, 62, 63, 67, 69, 74, 79, 80, 93, 100, 109, 111, 116, 121, 122, 123, 124, 129, 134, 140, 144, 150, 170, 178, 183, 191, 197, 199, 200, 201, 213, 220
imperfección, 57, 133, 142, 149, 150, 189
impureza, 57
infinito, *Véase* Ain Sof
inocencia, 156, 159, 181
inteligencia, 176
intercambio polar, 43, 44
interdependencia, 41, 42, 67, 95, 97, 102, 109, 132, 210
Isaac, 24, 82, 103

J

Jacob, 47, 103
JaGaT, 100, 102, 103, 104, 106, 108, 110, 117, 121, 124
Jardín del Edén, 75
Javá, 187, 188, 212, 213
jayá, 60, 138, 139
Jesed, 40, 46, 58, 70, 71, 72, 73, 74, 78, 83, 89, 91, 92, 96, 100, 103, 106, 109, 111, 112, 146, 196

Jojmá, 24, 25, 46, 47, 49, 50, 51, 54, 56, 57, 58, 60, 65, 68, 70, 71, 72, 73, 74, 76, 96, 106, 112, 116, 120, 123, 124, 137, 138, 142, 143, 155, 163, 170, 195, 203, 204, 220
juicio severo, 84
Jung, Carl Gustav, 114

K

KaJaB, 47, 51, 53, 62, 116, 154
Kaplan, Aryeh, 34, 108, 215
katnut, 85
Kenton, Warren, 47
Kéter, 24, 45, 47, 48, 49, 50, 51, 54, 55, 56, 57, 58, 60, 76, 93, 95, 116, 123, 124, 137, 138, 141, 142, 144, 195, 200
klipá, 53, 89, 91, 105, 118, 209

L

lado derecho, 92, 108, 132
lado izquierdo, 112, 132, 174, 193
lenguaje crepuscular, 10
Likutey Moharan, 60, 72, 85, 91, 92, 103, 104, 139
lluvia, 133, 134, 135, 198
luminosidad, 38, 50, 52, 54, 55, 57, 58, 60, 73, 74, 84, 89, 91, 96, 101, 110, 113, 119, 121, 123, 142, 143, 159, 163, 189, 193, 195, 197, 203, 220
luz, 9, 16, 25, 31, 38, 39, 40, 42, 43, 44, 50, 51, 52, 53, 54, 56, 59, 60, 70, 71, 72, 73, 74, 75, 76, 77, 78, 79, 80, 81, 83, 84, 86, 87, 88, 89, 90, 91, 100, 102, 105, 108, 111, 112, 113, 138, 139, 141, 142, 143, 166, 188, 189, 196, 208, 209, 221

M

madre, 31, 36, 40, 54, 55, 61, 68, 69, 74, 91, 96, 132, 162, 163, 187, 188, 203, 213

Mal, el, 149, 150, 166, 189, 190, 201, 213, 214
maldiciones, 187, 209, 210, 211, 212
Maljut, 45, 57, 58, 59, 60, 61, 63, 65, 67, 68, 75, 76, 93, 96, 99, 100, 101, 102, 109, 110, 117, 120, 121, 124, 129, 130, 131, 133, 134, 135, 137, 140, 141, 144, 145, 146, 152, 154, 155, 159, 164, 166, 191, 192, 195, 197, 198, 199, 200, 204, 207, 211, 222
manifestación, 10, 11, 19, 28, 31, 33, 34, 40, 42, 52, 53, 57, 61, 70, 72, 73, 75, 76, 77, 90, 93, 97, 99, 100, 104, 105, 111, 116, 120, 122, 123, 125, 131, 135, 154, 165, 166, 168, 169, 181, 185, 204, 209, 213, 220
mayim, 87, 196
Menajem Nahum de Chernobyl, rabino, 77
mente, 10, 11, 12, 13, 14, 16, 17, 22, 28, 29, 30, 31, 33, 34, 36, 37, 38, 39, 40, 41, 49, 50, 52, 55, 58, 60, 62, 63, 65, 68, 72, 73, 77, 81, 82, 84, 85, 86, 87, 89, 90, 91, 92, 93, 94, 96, 97, 98, 100, 102, 103, 104, 105, 110, 113, 114, 115, 116, 117, 118, 119, 122, 131, 133, 134, 137, 138, 139, 140, 143, 144, 145, 146, 148, 149, 150, 152, 155, 156, 157, 158, 159, 160, 162, 164, 166, 167, 168, 169, 170, 171, 172, 173, 174, 175, 176, 177, 178, 179, 180, 181, 182, 187, 188, 189, 190, 191, 192, 193, 198, 199, 200, 201, 202, 203, 204, 205, 206, 211, 213, 215, 217, 220, 222, 223
merkavá, 94, 115, 116, 117, 121, 122, 129, 134, 135, 140, 144, 148, 169
mesías, 168, 174, 181, 204
Metatrón, 193, 214, 215
Mezeritch, Maguid de, 156
miedo, 163, 164, 166, 177, 178, 182, 208

misticismo, 14, 30, 74, 75, 115, 151
Moisés, 31, 105, 192
mojin d'gadlut, 110
monismo esotérico, 16
Moshé de León, 23
movimiento energético, 32, 39, 61, 93, 118, 220
movimiento séxtuple, 95
muerte, 22, 35, 42, 71, 93, 98, 155, 156, 157, 158, 168, 173, 174, 175, 179, 182, 184, 187, 202, 205, 206, 212

N

nada, la 11, 12, 13, 14, 41, 59, 71, 75, 156, 157
Nahmán de Breslav, rabí, 60
Najash, 168, 169, 174, 180, 204
NaRaN, 138
nefesh, 45, 60, 125, 138, 139, 152, 158, 159, 161, 162, 163, 164, 165, 168, 169, 170, 171, 173, 176, 178, 179, 180, 182, 183, 184, 185, 186, 187, 188, 191, 202, 203, 204, 205, 206, 207, 208, 209, 210, 211, 212, 213, 220
NeHiY, 100, 107, 110, 111, 117, 118, 121, 124
neshamá, 60, 138, 139
nesirá, 158, 159, 160, 161, 202
Netzaj, 43
noche, 43, 44, 101, 111, 112, 196, 197
Noé, 101, 102, 105
nombramiento, 160
nombre divino, *Ver también* Elohim; YHVH; YHVH Elohim, 12
no-ser, 16, 75, 202
Nukva, 96, 97, 115, 119, 200

O

ojos, 63, 77, 151, 153, 171, 173, 175, 176, 180, 206
Oriente, 191, 200, 214

oscuridad, 25, 31, 33, 36, 37, 38, 39, 42, 43, 44, 50, 86, 92, 103, 164, 166, 195, 196

P

padre, 36, 54, 55, 56, 68, 69, 74, 96, 162, 163, 203
pájaros, 114, 115
pasado, 35, 77
patrones habituales, 37
paz, 92, 93
percepción, 10, 12, 13, 21, 22, 25, 29, 30, 34, 37, 42, 55, 57, 59, 67, 71, 73, 84, 88, 93, 94, 98, 100, 101, 103, 104, 105, 106, 108, 111, 112, 114, 116, 117, 118, 129, 131, 133, 134, 136, 138, 139, 144, 145, 148, 150, 157, 159, 166, 173, 179, 183, 185, 186, 187, 189, 201, 202, 203, 207, 208, 209, 210, 212, 213, 214, 217, 222, 223
pérdida, 71, 73, 132, 150, 205
piedad, 72, 78
plantas, 133, 136, 155
potencialidad negativa, 16
presagios, 112
puertas de la profecía, 108, 113

Q

querubines, 191
quinto día, 106, 113, 114, 120

R

rakia, 87, 88, 111, 122, 196
raz, 56, 77, 188
realidad, 14, 15, 29, 30, 37, 58, 74, 81, 83, 85, 116, 118, 119, 138, 146, 151, 155, 157, 159, 174, 179, 187, 210, 222
Reshit, 21
rezo humano, 90
río, 153, 155, 158, 168, 169, 201

rosacruces, 47, 170, 171
Ruaj Elohim, 36, 37, 39, 40, 42, 46, 67, 70, 111, 124, 133, 135, 153, 195, 196, 220
Ruaj Ha-Kodesh, 110

S

sabiduría, 9, 16, 21, 22, 23, 24, 27, 50, 51, 53, 55, 56, 71, 72, 73, 78, 81, 82, 84, 87, 103, 104, 105, 106, 138, 140, 141, 149, 152, 155, 168, 172, 175, 180, 205, 222
sal, 33
Santidad, 48
Sefer Halyyun, 117
Sefer Yetzirá, 11, 41, 59, 81, 87, 94, 130, 137
sefirot, 10, 11, 17, 24, 27, 40, 45, 46, 47, 48, 58, 59, 60, 61, 63, 65, 66, 67, 68, 70, 74, 76, 80, 81, 82, 92, 93, 94, 96, 102, 103, 106, 109, 110, 112, 113, 116, 120, 122, 123, 130, 133, 135, 151, 154, 155, 170, 191, 196, 201, 210
segol, 78
segundo día, 77, 83, 87, 88
seis centrales, 60, 67, 137
seis días, 32, 42, 45, 57, 68, 69, 70, 74, 79, 124, 129, 130, 197
seis direcciones, 95
seis estancias, 61
seis pasos, 94
semilla, 28, 36, 43, 45, 53, 54, 56, 58, 68, 76, 98, 101, 119, 121, 125, 140, 143, 196, 220
séptimo día, 129, 130, 161, 198
serpiente, 96, 165, 166, 167, 168, 169, 172, 173, 174, 175, 176, 179, 180, 181, 182, 183, 184, 185, 186, 204, 205, 206, 209, 210, 211, 212, 214
Ser Supremo, 12
sexto día, 118, 120, 121, 124
shefa, 134, 135, 136, 140, 154, 192

Shejiná, 31, 33, 34, 35, 36, 38, 40, 41, 42, 56, 57, 58, 59, 60, 63, 66, 67, 68, 70, 74, 75, 76, 77, 79, 80, 81, 84, 85, 86, 87, 89, 90, 91, 93, 94, 95, 99, 102, 103, 105, 109, 110, 115, 118, 120, 123, 130, 131, 132, 133, 136, 138, 139, 140, 143, 152, 154, 156, 157, 161, 163, 164, 168, 169, 170, 175, 181, 188, 192, 193, 195, 196, 198, 199, 200, 201, 213, 214, 215, 219, 221, 222
Shemá, 15, 63
shemayim, 93, 132
shin, 40, 93, 220, 223
Sifra Dtzniuta, 53
Sinaí, 31
solidez, 21, 31, 62, 162, 179, 182
sufrimiento, 32, 71, 86, 87, 144, 146, 157, 180, 181, 182, 185, 205, 211, 222
sustancia, 21, 31, 33, 41, 97, 100, 143, 155, 162, 173

T

Tabla Esmeralda, 131
Talmud, 49, 63, 95, 169
Tanaj, 78
Taniá, 89
teísmo, 14, 15
Templo de Jerusalén, 40, 191
tercer día, 92, 97, 99, 120, 125, 187, 212
tiempo, 10, 11, 13, 21, 28, 31, 32, 33, 35, 36, 54, 55, 57, 70, 77, 99, 103, 104, 106, 111, 112, 133, 166, 172, 187, 188, 215, 223
Tiféret, 43
Tikkuney Zohar, 11, 59, 60, 61, 78
tohu, 33, 34, 35, 36, 39, 166, 192, 195
Torá, 104, 113, 192, 218
tsimtsum, 29, 30, 31, 33, 34, 53, 65, 73, 83, 86, 87, 88, 89, 111, 124, 160, 174, 208, 222

tzaddik, 42, 104, 105, 119, 138, 139, 168

U

Unidad, 15, 46, 149
Uno, 11, 12, 13, 24, 106, 108, 131, 149, 170, 190
uróboros, 185
útero, 11, 28, 31, 36, 53, 54, 58, 66, 68, 76, 119, 121, 130, 140, 220

V

vacío, 28, 34, 38, 130
vasijas, 33, 48, 87, 88, 89, 90, 152
vav, 53, 60, 61, 63, 68, 69, 75, 76, 80, 81, 87, 92, 93, 106, 120, 121, 123, 141, 144, 146, 150, 188, 208, 221
vegetación, 98, 187, 197, 199
vergüenza, 151, 164
viento, 39, 104, 220

W

Warren, 47

Y

YaM, 33, 69, 81, 95
yehi aur, 73, 75, 76, 78, 79, 80, 81, 221
yejidá, 60, 138, 139
Yesod, 40, 58, 67, 68, 100, 102, 105, 107, 118, 119, 120, 121, 123, 124, 146, 148, 186, 191, 192, 193, 197, 206, 207, 208, 215
YHVH Elohim, 130, 132, 133, 134, 140, 147, 158, 159, 161, 165, 174, 177, 178, 179, 188, 189, 190, 198, 199, 201, 202, 203, 209, 212, 213, 214
Yo, 13, 59, 177, 182, 207
yud, 32, 33, 49, 50, 51, 53, 54, 58, 59, 60, 61, 62, 65, 68, 69, 74, 75, 76, 78, 79, 82, 87, 93, 106, 123, 141, 142, 144, 150, 163, 219, 220, 222

yud-he, 65, 68, 123, 144, 150
yud-he-yud, 74
yud-vav-dalet (YVD), 53

Z

Zacarías de Yereslav, rabí, 90
Zer Anpin, 96, 97, 115, 118, 119, 155, 200

zivug, 96, 97, 99, 101, 102, 105, 115, 117, 118, 119, 120, 124, 144, 145, 148, 152, 159, 166, 170, 186, 188, 192, 200, 215
Zohar, 11, 23, 38, 41, 53, 54, 55, 56, 57, 58, 59, 60, 61, 68, 71, 77, 78, 92, 93, 94, 95, 100, 103, 106, 110, 115, 120, 121, 141, 142, 143, 154

Acerca del autor

David Chaim Smith nació en 1964 en la ciudad de Nueva York. En la década de 1980 recibió formación y comenzó a desarrollar su carrera como artista visual. En 1990 comenzó un proceso de inmersión en la cábala hermética, que incluyó trabajos rituales con numerosas órdenes ocultistas. En 1997 abandonó el arte visual para dedicarse a la práctica mística. Su experiencia cristalizó en una combinación única del misticismo jasídico y la cábala tradicional con el hermetismo, elementos que fusionó a través del texto del siglo XIII titulado *La fuente del conocimiento*, que mapeó a partir de diagramas. El sistema simbólico resultante sirvió como base para su regreso al arte visual en 2007. Desde entonces ha llevado a cabo exposiciones en Nueva York (en las galerías Calvin-Morris y Andre Zarre) y su trabajo ha sido elogiado por *The New York Times*. Actualmente reside en el extrarradio de Nueva York con su esposa Rachel.

ÍNDICE

Introducción	9
Primera parte: La ventana de la manifestación	19
1. La naturaleza esencial de la creación	21
2. El cianotipo del proceso de creación	27
Segunda Parte: La Gnosis primordial y su ocultación............	127
3. El estado edénico...	129
4. La consecuencia del hábito	165
Apéndice I Sinopsis cabalística de los tres capítulos	195
Apéndice II: El sustrato cabalístico de los nombres	217
Índice analítico...	225
Acerca del autor..	233